本书系江苏高校哲学社会科学研究项目"五年制高职院校'1234'式思想政治教育模式的实践研究"（2019SJB170）、江苏联合职业技术学院重点课题"五年制高职'1234'式思想政治教育体系构建与实践研究"（A/2018/07/005）、常州市武进区教科研立项课题"新时代'工匠精神'视域下中职校企文化融通的研究与实践"的研究成果。

五年制高职思想政治教育研究丛书

丛书主编 王险峰 李 辉

U0654889

企业文化管理

校企协同育人创新实践探索

王险峰 编著

江苏大学出版社
JIANGSU UNIVERSITY PRESS
镇 江

图书在版编目（CIP）数据

企业文化管理：校企协同育人创新实践探索/王险峰编著. — 镇江：江苏大学出版社，2019.12
ISBN 978-7-5684-1218-6

Ⅰ.①企… Ⅱ.①王… Ⅲ.①企业文化－企业管理－研究 Ⅳ.①F272－05

中国版本图书馆 CIP 数据核字（2019）第 224753 号

企业文化管理：校企协同育人创新实践探索
Qiye Wenhua Guanli：Xiaoqi Xietong Yuren Chuangxin Shijian Tansuo

编　　著/王险峰
责任编辑/柳　艳
出版发行/江苏大学出版社
地　　址/江苏省镇江市梦溪园巷 30 号（邮编：212003）
电　　话/0511-84446464（传真）
网　　址/http：//press.ujs.edu.cn
排　　版/镇江文苑制版印刷有限责任公司
印　　刷/句容市排印厂
开　　本/718 mm×1 000 mm　1/16
印　　张/15.5
字　　数/300 千字
版　　次/2019 年 12 月第 1 版　2019 年 12 月第 1 次印刷
书　　号/ISBN 978-7-5684-1218-6
定　　价/46.00 元

如有印装质量问题请与本社营销部联系（电话：0511-84440882）

前 言

　　改革开放以来，职业教育为我国经济社会发展提供了有力的人才和智力支撑。随着中国特色社会主义进入新时代，职业教育也步入了高质量发展的新阶段，产业升级和经济结构调整的节奏不断加快，各行各业对技术技能人才的需求越来越紧迫，职业教育的重要地位和作用也日益凸显。《国务院关于印发国家职业教育改革实施方案的通知》（国发〔2019〕4号）指出，职业教育与普通教育是两种不同的教育类型，具有同等重要地位。通知要求，要落实好立德树人根本任务，健全德技并修、工学结合的育人机制，完善评价机制，规范人才培养全过程。要深化产教融合、校企合作，推动企业深度参与协同育人。

　　产教融合、校企合作作为职业教育的基本办学模式，是办好职业教育的关键所在。随着职业教育服务区域产业和促进经济社会发展的功能越来越强大，职业教育作为广大青年学生通向创新创业创优、成人成才成功的桥梁作用也显得越来越重要。

　　习近平总书记在全国教育大会上的讲话中指出，要在学生中弘扬劳动精神，教育引导学生崇尚劳动、尊重劳动，懂得劳动最光荣、劳动最崇高、劳动最伟大、劳动最美丽的道理，长大后能够辛勤劳动、诚实劳动、创造性劳动。要把立德树人融入思想道德教育、文化知识教育、社会实践教育各环节，贯穿基础教育、职业教育、高等教育各领域。习近平总书记的讲话为我们指明了新时代教育事业发展的方向，也为我们奋力做好职业教育提供了重要的遵循依据。

《省政府关于加快推进职业教育现代化的若干意见》（苏政发〔2018〕68号）指出，要推进产教深度融合，深化校企协同育人，全面落实立德树人根本任务，践行适合教育理念，健全德技并修、工学结合的育人机制；把社会主义核心价值观融入教育教学全过程，把产业文化、企业文化、职业文化全方位融入学校文化建设，增强学生的认知能力、合作能力、创新能力、职业能力等关键能力，培养学生的工匠精神、职业道德、职业技能和就业创业能力。江苏省政府办公厅《关于深化产教融合的实施意见》（苏政办发〔2018〕48号）要求，全面深化校企合作改革，支持企业深度参与职业学校、高校教育教学改革和学校专业规划、课程设置、教材开发、实习实训等工作，促进企业需求融入人才培养环节。要深化产教融合人才培养改革，全面推进产教协同育人。

服务社会经济发展需要培养数以亿计的高素质劳动者和技术技能人才，职业教育大有可为，也应当大有作为。要把提高职业技能和职业精神结合起来，把学生培养成既有一技之能，又有较高文化素养，具有新时代"工匠精神"的高素质的劳动者和技术技能人才。

进入新时代，"高质量发展"已经成为一个关键词。国家的发展、社会的进步比以往任何时候都更需要大量的高素质人才。职业院校作为培养高素质劳动者和技术技能人才的"摇篮"和"舞台"，理应担负起立德树人的职责，适应高质量发展的时代需要，为国家的建设培养技术技能强和服务能力强的人才。

贯彻全国教育会议精神，落实立德树人根本任务，我们责无旁贷。

立德树人、文化育人、以文化人是提高职业教育质量的根本。产教融合、校企合作是职业教育的基本特征，校企文化融合、产教协同育人也必然成为职业教育的亮点和特色。职业教育依托企业，也离不开企业。发挥企业文化育人的优势，对于提高职业院校学生的综合职业素养尤为必要。把企业文化的教育作为职业院校思想政治教育的重要内容，是本书的创新之处。

坚持育人为本、校企共建的原则，坚持贴近社会、贴近职业、贴近学生的原则，坚持继承与创新相结合的原则，积极推动优秀企业文化进校园，引进和融合优秀企业文化，促进学生养成良好的职业道德和职业行为习惯，帮助学生顺利实现从学校到企业的跨越；努力培养学生树立牢固的职业意识，提高学生适应未来工作环境的综合素质和职业能力。

本书旨在让学生了解企业员工的共同价值观和群体意识、企业员工的

企业文化管理
——校企协同育人创新实践探索

凝聚力等方面对企业的影响，了解企业文化在促进企业成长、壮大方面所起的不可替代的作用，了解一个优秀的企业不但注重管理方面的技术，而且注重创设企业的文化氛围。我们期待本书能够给职业院校的学生提供企业文化的指引，使其理解人的价值和职业道德的力量，从而更好地投身到学习、工作中，爱岗敬业、成人成才。

企业文化管理是指对企业文化的梳理、凝练、深植、提升。企业文化的管理问题需要面对企业文化最基本的功能，即企业中人的组织问题，企业中各系统之间相互协调的问题，企业中人的心灵慰藉问题等。在本书的写作过程中，我们走访了学校的部分校企合作单位，如中天钢铁集团有限公司、常州市公交集团公司、常州市听松楼花园酒店有限公司、江苏顺风光电科技有限公司、江苏武进建筑安装工程有限公司、江苏恒立液压科技有限公司、常州星宇车灯股份有限公司、江苏中盈高科智能信息股份有限公司、常州市恒泰医药连锁有限公司等常武地区知名企业，以帮助学生在中国文化背景下更好地理解企业的发展和管理问题，站在企业和企业文化的角度审视职业院校的教育对学生的培养，更好地将企业文化融入职业院校的思想政治教育、道德教育和文化教育，推进校企文化融合、实现校企双元育人，共同担负起教育青年、培养人才的社会责任。

本书具有三个方面的特点：一是对企业文化的认知较为深入和系统，即从基本的文化常识入手，分析了企业文化的理念、企业文化的制度和企业文化视觉系统；不仅解释了企业文化是什么，还研究了运行中的企业文化，关注不同阶段、重大事件下的企业文化演进过程；不仅分析了企业文化的要素和结构，还探索了企业文化的内部影响和视觉机制，为系统认知企业文化奠定了基础。二是从更广阔的视角拓展企业文化的专题研究空间，将人本的理念与企业文化相结合，可以帮助学生特别是即将踏入社会成为新员工的毕业生们理解企业文化，并更好地融入企业；从员工职业道德的角度，提出应具备的职业道德和这些职业道德素质的培养方法。三是本土企业的实践丰富了本书的案例研究。在本书写作过程中，我们选择一些校企合作单位及常武地区知名企业的文化建设作为案例，这些企业是常州各行业的经营领袖，涉及传统制造业、建筑业、交通业、酒店业、药业、光电业、高科技企业等。建设具备行业特色、企业特色的企业文化，也是来自于企业实践的特殊要求。

本书共十章。第一章：企业文化认知；第二章：企业文化理念；第三章：企业文化制度；第四章：企业文化视觉系统；第五章：企业文化与人本精神；第六章：企业工匠精神与质量文化；第七章：企业家精神与创新创业文化；第八章：互联网时代的企业文化；第九章：中国特色的企业文化建设；第十章：企业文化与职业道德。

本书的写作过程中，许多参与过企业文化管理的企业界朋友给予了我们大力的帮助和支持，分享了他们在实践中一些有价值的发现；同时，许多同行也为我们的研究提供了宝贵的经验，他们建设性的意见已经体现在本书的相关章节中。

本书的写作还得到了吴伟锋、李玉平、管效诚、杨志豪、吴登军、徐晓俊、庄春、徐维、赵佐铭、吴仁玉等老师的大力协助，江苏大学的王国栋老师审阅了全书，并提出了意见或建议，在此一并表示感谢！

2019 年 12 月

目 录

企业文化管理
——校企协同育人创新实践探索

第一章

企业文化认知

企业文化发展历程

企业文化以其独到的视角，戴着神秘的"面纱"于 20 世纪 80 年代初开始传入我国，掀起了一阵"早产"的热潮，当时我们对其认知还处于朦胧、幼稚时期，经过十余年的理论和实践之间的磨合、碰撞，企业文化又走入低谷。新时期、新机遇、新发展，摔倒之后执着地爬起，企业文化理论与实践经过不懈的努力终于迎来了它的春天。

一、企业文化初探

20 世纪 80 年代初期，日本以仅占世界总面积 0.25％、区区 37 万平方公里的陆地国土面积，以占世界人口 2.7％共计 1.18 亿的国民，创造了高达 10 300 万亿美元的生产总值，占世界生产总值的 8.6％，成为世界经济第二大国，直接挑战美国。

1981 年，美国对日本的贸易逆差达历史最高纪录——180 亿美元，占美国贸易赤字总额的 45％。1965 年，销售量雄踞世界之首的美国 IBM 公司（Internotional Business Machine Corporation）以转让计算机制造技术为条件，获准在日本制造并销售 IBM 计算机，从而打开了日本市场。然而，好景不长，IBM 很快被富士、三菱等日本电器从日本市场上赶了出去。不仅如此，IBM 在香港的市场被富士以低于 IBM 50％的价格夺走。同样，美国接连失去了菲律宾、马来西亚、泰国、新加坡等国的市场。美国在东亚节节败退。屡遭失败的美国终于扯下"贸易自由"的"面纱"，联合其欧洲伙伴筑起了贸易壁垒，对日本实行经济制裁。然而，日本人巧妙地用资本输出替代了产品出口，在美国及其贸易伙伴的土地上开起了日本工厂。

日本咄咄逼人的挑战，引起了美国社会的震惊。里根政府商务部长助理克莱德·普雷斯托茨惊呼："美国的时代已经结束了，本世纪发生的最大事件是日本以超级大国的姿态出现在世界上。"人们在震惊之余，不禁思考：是什么力量促使日本经济持续、高速增长？日本靠什么实现了经济崛起？日本经济凭什么对美国乃至西欧经济形成了挑战？

日本是个岛国，资源贫乏，既没有煤，也没有石油，并且火山、地震等自然灾害连绵不断；日本是个后起的工业国家，资本积累几乎等于零；日本的科学技术一度落后，既没有像中国一样辉煌灿烂的古代文化，也没有像欧洲那样的现代科学技术；日本是二战战败国，饱受战争创伤，既要担负巨额赔款，又长期遭受美军占领，其政治、经济和文化发展都曾丧失独立性。在这样的条件下，日本经济竟然用了不足20年的时间崛起了，简直不可思议！

20世纪70年代开始，有些美国学者就已经把眼光投向日本，旨在探究日本成功的奥秘，寻求美国屡屡输给日本的原因。20世纪70年代末80年代初，美国学术界出现了"日本热"，被卷入的不仅有管理学者，还有社会学、心理学、文化人类学等诸多学科的学者。他们不远万里，远渡重洋来到日本这个东亚岛国，为重振美国经济取经寻宝。

在这种形势下，人们渐渐注意到日美企业管理模式的不同，从而发现：理性化管理缺乏灵活性，不利于人们发挥创造性、坚定与企业长期共存的信念，只有塑造一种有利于创新和将价值与心理因素整合的文化，才能真正对企业长期经营业绩的提高和企业的发展起到潜在的、至关重要的作用。

美国学者经过精心的比较、探究，终于发现日本经济崛起的真正原因是基于两国明显差异化的企业文化。

二、企业文化研究的兴起

1981年，美国加利福尼亚大学美籍日裔教授威廉·大内（William Ouchi）出版了他的专著《Z理论——美国企业界怎样迎接日本的挑战》（*Theory Z：How American Business Can Meet the Japanese Challenge*），该书分析了企业管理与文化的关系，提出了"Z型文化""Z型组织"等概念，认为企业的控制机制是完全被文化所包容的。1982年，特雷斯·迪尔（Terrence E. Deal）和艾兰·肯尼迪（Allan A. Kennedy）出版了《企业文化》（*Corporate Culture*）一书，他们提出，杰出而成功的公司大都有强有力的企业文化，还提出企业文化的要素有五项：（1）企业环境；（2）价值观；（3）英雄；（4）仪式；（5）文化网络。其中，价值观是核心要素。该书还提出了企业文化的分析方法，应当运用管理咨询的方法，先从表面开始，逐步深入观察公司的无意识行为。同年，美国著名管理专家托马斯·彼得斯（Thomas J. Peters）与小罗伯特·沃特曼（Robert H. Waterman, Jr）合著《寻求优势——美国最成功公司的经验》（In Search of Excellence—Lessons from America's Best-Run Companies），研究并总结了三家优秀的革新型公司的管理，发现这些公司都以公司文化为动力、方向和控制手段，因而取得了惊人的成就，这就是企业文化的力量。这三本著作加上理查德·帕斯卡尔（Richard Tanner Pascale）与安东尼·阿索斯（Anthony G. Athos）合著的《日本的管理艺术》（The Art of Japanese Management）被合称为企业文化研究的四重奏，这标志着企业文化研究的兴起。

企业文化研究在20世纪80年代出现了两种方法的派别，一派是以美国麻省理工学院的埃德加·沙因（Edgar H. Schein）为代表的定性化研究，他们对企业文化的概念和深层结构进行了系统的探讨，也曾提出进行现场观察、现场访谈，以及评估企业文化的步骤等，但是，由于这种方法难以进行客观的测量，在探讨组织文化与组织行为和组织效益的关系时，难以进行比较研究，因而受到批评。另一派是以密歇根大学工商管理学院的罗伯特·奎恩（Robert E. Quinn）为代表的定量化研究，他们认为组织文化可以通过一定的特征和不同的维度进行研究，因此，他们提出了一些关于组织文化的模型，这些模型可以用于组织文化的测量、评估和调查。但是，这种被归为现象学的方法，只能研究组织文化的表层，而不能深入到组织文化的深层意义和结构中去。

1984年，罗伯特·奎恩和肯伯雷（Kimberly）将罗伯特·奎恩提出的用于分析组织内部冲突与竞争紧张性的竞争价值理论模型扩展到对组织文化的测查，以探查组织文化的深层结构和与组织的价值、领导、决策、组织发展策略有关的基本假设。该理论模型有两个主要维度：一是反映竞争需要的维度，即变化与稳定性；二是产生冲突的维度，即组织内部管理与外部环境。在这两个维度的交互作用下，出现了四种类型的组织文化：群体性文化、发展型文化、理性化文化和官僚式文化。竞争价值理论模型为后来组织文化的测量、评估和调查提供了重要的理论基础。

20世纪90年代，随着企业文化的普及，企业组织越来越意识到规范的组织文化对企业组织发展的重要意义，并在此基础上，以企业文化为基础来塑造企业形象。因此，企业文化研究在20世纪80年代理论探讨的基础上，由理论研究向应用研究和量化研究方面迅猛发展，企业文化研究出现了四个走向：一是企业文化基本理论的深入研究；二是企业文化与企业效益和企业发展的应用研究；三是关于企业文化测量的研究；四是关于企业文化的调查和评估的研究。迄今为止，有关企业文化的专著约有 60 多部，论文分布在十几种管理学和心理学期刊中，企业文化的研究在 20 世纪八九十年代已经成为管理学、组织行为学和工业组织心理学研究的一个热点，20 世纪八九十年代也被称为管理的企业文化时代。

20 世纪 90 年代，西方企业面临着更为激烈的竞争和挑战，因此，企业文化的理论研究从对企业文化的概念和结构的探讨，发展到企业对文化在管理过程中发生作用的内在机制的研究，如企业文化与组织气氛（Schneider，1990）、企业文化与人力资源管理（Authur K. O. yeung，1991）、企业文化与企业环境（Myles A. Hassell，1998）、企业文化与企业创新（Oden Birgitta，1997）等。

1990 年，本杰明·施耐德（Benjamin Schneider）出版了他的专著《组织气氛与文化》（*Organizational Climate and Culture*），其中提出了一个关于社会文化、组织文化、组织气氛与管理过程、员工的工作态度、工作行为和组织效益的关系的模型。在这个模型中，组织文化通过影响人力资源的管理实践、组织气氛，进而影响员工的工作态度、工作行为以及对组织的奉献精神，最终影响组织的生产效益。其中，人力资源管理对组织效益也有着直接的影响。

1990 年，海尔特·霍夫斯泰德（Geert Hofstede）及其同事将他提出的民族工作文化的四个特征（权力范围、个人主义—集体主义、男性化—女性化和不确定性回避）扩展到对组织文化的研究，通过定性和定量结合的方法增加了几个附加维度，构成了一个企业文化研究量表。

1997 年，埃德加·沙因的《组织文化与领导》（*Organizational Culture and Leadership*）第二版出版，在这一版中，埃德加·沙因增加了在组织发展各个阶段如何培育、塑造组织文化，组织主要领导如何应用文化规则领导组织达成组织目标，完成组织使命等内容，他还研究了组织中的亚文化。1999 年，埃德加·沙因与沃瑞·本尼斯（Warren G. Bennis）出版了他们的专著《企业文化生存指南》（*The Corporate Culture Survival Guide*），该书用大量的案例说明了在企业发展的不同阶段企业文化的发展变化过程。

1999 年，特雷斯·迪尔和艾兰·肯尼迪再次合作，出版了《新企业文化》（*The New Corporate Culture*），在这本书中，他们认为稳定的企业文化很重要，他们探寻了企业领导在使企业保持竞争力和满足工人作为人的需求之间维持平衡的途径。他们认为，企业经理和企业领导所面临的挑战是：建立和谐的企业运行机制，汲取著名创新型公司的经验，激励员工，提高企业经营业绩，迎接 21 世纪的挑战。

三、企业文化研究热潮

企业文化作为一门科学的人本管理理论，作为现代企业管理的一个科学阶段，传入中国已经 20 多年了。从最初的引进、启蒙，到质问、裂变，再到整合、本土化，着实走过了一段不平凡的历程。

1. 中国第一次企业文化研究热潮

中国社会科学院研究员李庆善的研究认为，"企业文化"一词，从 1984 年陆续见诸我国报纸杂志，其中多数文章把企业文化作为一种新的管理方法进行极其简单的介绍。到 1988 年，企业文化研究热潮已经成为出现在中华大地上的若干热潮之一。掀起这股研究热潮的除了企业界之外，还有从事管理学、文化学、社会学和心理学研究的各界人员。据不完全统计，1988 年至 1991 年三年间，国内报纸杂志上刊载的有关企业文化的文章达 250 余篇；翻译和编著的有关企业文化的著作达 20 余种；省市以上单位举办的有关企业文化的研讨会 15 个；举办企业文化为主题的讲习班和讲座 40 余期。中央和有些省市相继成立了企业文化理论和应用研究机构。有些课题已经形成初步成果，被决策机关所采纳。

随着时间的推移，1992 年至 1999 年是企业文化在我国重新受到重视并且日益深入发展的时期，历史的发展使中国企业文化建设迎来了自己的春天。这一时期，我国企业文化建设主要有以下几个特点。

（1）企业文化理论研究不断深入。企业文化理论研究呈现出从直接引进国外理论向在学习国外理论的基础上结合我国实际进行创新性研究、向企业文化理论研究同我国企业文化建设实践更加紧密结合的方向发展；从单学科研究向多学科、跨学科研究方向发展的趋势。

（2）企业文化实践活动方兴未艾。一些优秀企业几乎是在企业文化理论传入我国的第一时间就敏锐地对其加以关注，并迅速、创造性地学习和运用到企业经营管理的具体实践中，在企业界发挥了重要的带头示范作用。如今，被视为我国企业界骄傲的旗帜企业如海尔集团等，无不是企业文化理论的实践典范，"海尔文化激活休克鱼"的实践甚至被收入哈佛研究院的案例库。今天，我国越来越多的企业正在优秀企业的示范和带动下日益广泛、深入、全面、主动地参与到企业文化实践活动中来，企业文化实践正在不断普及和深化，并带动了许多事业单位的文化实践。

（3）企业文化组织广泛建立。我国各地、各个行业和部分企业相继建立了专业性的企业文化组织。各地区、各行业和各部门企业的专业性企业文化组织的建立，极大地推动和促进了我国企业文化建设事业的发展。

（4）企业文化教育培训广泛开展。经过不懈努力，北京大学、清华大学、中国人民大学等部分高等院校已经开设了企业文化课程；以各地企业文化组织为主体所开展的企业文化专业培训体系日益展开；以海尔、格力为代表的一批优秀企业的内部企业文化教育培训活动开展得有声有色；社会各个层次、各种类别的企业文化教育培训正在大规模地展开。

（5）涌现出了一支企业文化建设的生力军。在理论界、企业界和全国各级各类的企业文化社团组织中，涌现出大批百折不挠、意志坚定的企业文化推动者，他们为我国企业文化传播、开展做出了重要贡献。

2. 新时期我国企业文化建设新浪潮

2004 年 7 月，国务院国资委在大庆召开了首次"中央企业'企业文化建设'研讨交流会"，这次企业文化工作专题会议紧密结合中央企业的实际，总结交流了中央企业"企业文化建设"工作的经验，现场参观学习了中石油在大庆的企业开展企业文化建设的做法，研究探讨了企业文化建设工作的有关问题，讨论修改了《国务院国资委党委关于加强中央企业企业文化建设的指导意见》，对中央企业当前和今后一段时期企业文化建设工作进行了部署，目的是动员广大干部职工积极投身企业文化建设，不断提高企业管理和精神文明建设的水平，进一步提升中央企业的核心竞争力，做强、做大中央企业。2004 年 12 月 13 日，国资委又在京西宾馆召开会议，结合落实中央十六届四中全会精神，对企业文化建设又提出了新的要求。随着理论上认识的进一步成熟与实践的一步步完善，企业文化终于进入一个新的发展时期。

2005 年 3 月 26 日，国资委下发了 62 号文件《关于加强中央企业企业文化建设的指导意见》（以下简称"指导意见"），要求中央企业："力争用三年的时间，基本建立起适应世界经济发展趋势和我国社会主义市场经济发展要求、遵循文化发展规律、符合企业发展战略、反映企业特色的企业文化体系。"《指导意见》7 000 多字，分四大部分、十八条，分别涉及企业文化建设的重要意义、指导思想、总体目标与基本内容，组织实施的工作思路、规划、实施步骤、文化载体及队伍建设、基本要求、领导机制、运行机制等内容。该文件从开始起草到正式颁布耗时近一年。经过深入的调研，形成初步意见后广泛征求了企业、专家和有关部门的意见，经过大大小小 10 多次修改才定稿。《指导意见》对企业文化进行了科学的定义，从根本上突破了以往对企业文化存在的种种狭隘而片面的认识，将企业文化的地位真正上升到人本管理理论的高度，并视之为企业的灵魂。定义中提到的归属感、积极性、创造性，分别揭示出先进企业文化具有的凝聚、激励与创新的功能，全面对应了企业人本管理的三大重要方面。

伴随着 2005 年国资委 62 号文件的出台，企业文化理论界、咨询界和实业界掀起一轮新的企业文化热潮。同年，北京交通大学开高校之先河，首开全日制企业文化硕士班；企业文化师被正式确认具备国家认可的从业资格，国内关于企业文化师的培训如雨后春笋般地快速发展起来；国内相关刊物和文章更是百花齐放；国内大型企业特别是国有企业先后出台企业或集团企业文化发展指导性意见，如中国石油化工集团公司、中国石油天然气股份有限公司、中国兵器工业集团公司等分别出台相应的文件，全国各地国资、民营企业纷纷自主或聘请专业机构打造自己独具特色的企业文化。

一、企业文化的概念

在现代社会，从一定意义上讲是企业推动着人类的发展。企业运营情况的好坏，对国家经济有着非常直接的作用。目前，全球经济发展的基础是企业，企业是推动整个社会科技进步的主体之一。有关人员在对全球许多大公司进行考察和分析之后发现，现代企业有许多区别于传统企业的地方，正是这些差异性在推动着企业的发展。

望文生义，企业文化是发生在企业中的文化。但在实际上，对于什么叫企业文化，无论国内还是国外，都是众说纷纭、莫衷一是。

威廉·大内认为："传统和气氛构成了一个公司的文化。同时，文化意味着一家公司的价值观，诸如进取、守成或是灵活——这些价值观构成了公司员工的活动、意见和行为规范。管理人员身体力行，把这些规范灌输给员工，并代代相传。"

小罗伯特·沃特曼和托马斯·彼得斯在《寻求优势——美国最成功公司的经验》中认为："企业将其基本信念、基本价值观灌输给它的员工，形成上下一致的企业文化，促使广大员工为自己的信仰而工作，也就是产生强烈的使命感，激发最大的想象力和创造力。"他们把企业文化概括为："汲取传统文化精华，结合当代先进的管理思想与策略，为企业员工构建一套明确的价值观念和行为规范，创设一个优良的环境气氛，以便整体地、静悄悄地进行经营管理活动。"

特雷斯·迪尔和艾兰·肯尼迪认为，企业文化由五个方面的要素组成：

（1）企业环境，这是对企业文化的形成和发展具有关键性影响的因素。

（2）价值观，这是企业文化构成的核心因素。

（3）英雄人物，他们将企业价值观人格化，为员工提供具体的楷模。

（4）礼节和仪式，即企业的日常惯例和常规，向员工们表明了对他们所期望的行为模式。

（5）文化网络，即企业内部主要的"非正式"的联系手段，是企业价值观和英雄人物传奇的"运载媒介"。

总的来说，西方学者们比较统一的看法是：企业文化的主要内涵是价值观，包括一个企业组织内部所形成的独特的文化观念、价值观念、信念、历史传统、价值准则、行为规范等，并且，依赖于这些文化，企业内部各种力量统一于共同的指导思想和经营哲学之下。

从管理思想的角度来看，企业文化是企业管理部门通过自己的管理实践，精心培植、倡导、塑造的一种为全体成员共同遵守、奉行的价值观念、基本信念和行为准则。从实践角度看，其构成要素主要包含企业宗旨、价值观念、行为规则、道德规范、人员素质、企业形象等。

也有人认为，企业文化包括企业在长期生产经营中形成的管理思想、管理方式、群体意识和行为规范。其出发点和归宿是尊重和坚持员工的主人翁地位，提高员工的思想道德素质和科学文化素质，从各个环节调动并合理配置有助于企业以经济建设为中心的全面发展的积极因素，形成合力，在企业实现社会物质文明和精神文明的共同进步。管理包含"人"和"物"两方面，以"人"的管理为主；"软"管理和"硬"管理兼备，以"软"管理为主。群体意识包括企业价值观、企业精神、心理态势等。行为规范指企业规章制度、道德规范、行为标准、风俗习惯等，是现代企业制度的有机组成部分。

总体来说，企业文化是在企业长期的经营活动中，不断总结成功经验和失败教训后逐渐形成和发展起来的，其核心内容是企业精神和企业价值观。

二、企业文化的内容

关于企业文化的内容，比较有代表性的意见有三种：第一种意见是大体沿用西方学者的看法，认为企业文化主要有企业环境、价值观、英雄人物、典礼和仪式、文化网络等内容。第二种意见认为，企业文化可从决策文化、经营文化、管理文化、教育文化、精神文化、娱乐文化和联谊活动等方面来理解和把握。第三种看法认为，企业文化作为一个大系统，含有企业形象、企业素质、企业精神、企业价值观、企业目标、企业民主、企业伦理道德、企业制度、团队意识、企业文化活动等子系统。综合上述意见，第三种看法更符合现代企业文化理论的发展，我们可以此为基础来描述和构建企业文化体系。

1. 企业精神——企业文化的灵魂

企业精神是企业文化中的本质要素，是企业员工的集体意识，它反映了企业员工集体志向的决心和追求。企业精神具有正反两重性：要么积极进取、乐观向上，要么悲观丧气；要么有胆有识、敢想敢干，要么畏首畏尾、裹足不前；要么勇于开拓进取，要么保守落后、故步自封。成功的企业都有自己积极进取、富有鲜明个性的企业精神。例如，美国成功的饮食服务企业麦当劳公司，有为顾客提供热情服务的精神；有重视小处、完善细节的精神；有重视团队作用、相互鼓舞的精神；等等。

企业精神是企业文化中的决定性要素，它决定其他企业文化要素的性质。例如，它可以使企业价值观、企业信念、企业经营哲学等变得上进、乐观、积极、开拓，也可以使它们变得退缩、悲观、消极、封闭。因此，它影响到企业文化的性质，使企业文化表现为正反两重性。

2. 企业价值观——企业文化的基石

企业价值观在企业文化中也起着核心的作用。可以说，企业文化的所有内容，都是在企业价值观的基础上产生的，都是在不同领域中的体现或具体化。因此研究企业文化的许多人把企业价值称为企业文化的基石。可以这样认为，企业价值观对企业和员工的行为取向，对企业兴衰具有决定性作用。正如日本"经营之神"松下幸之助说的那样：公司可以凭借自己高尚的价值观，把全体员工的思想引导到自身想象不到的至高境界，产生意想不到的激情和工作干劲，这才是决定企业成败的根本。美国管理学家、《寻求优势——美国最成功公司的经验》一书的两位作者托马斯·彼得斯和小罗伯特·沃特曼也有同样的看法，他们认为，公司的成败取决于价值观正确与否及其清晰程度。

企业价值观是不断发展变化的。它一般要经历三个阶段：第一阶段是企业存在初期。由于企业经营能力差、规模小，其宗旨也只能是为了企业或员工的生存，即为了养家糊口而赚钱；第二阶段是企业进入成长期，经营能力增强，规模逐渐扩大，为了在竞争中取胜，以赢得企业的长足发展，它的价值观便超越了生存需要阶段，开始追求"一切为了用户""顾客第一、服务至上"的经营理念;第三阶段是企业进入成熟发达期,它的价值观便跨越了用户和顾客,变成为社会服务、追求进步,提高人们的生活质量,对人类文明做出贡献,促进人类物质和精神文明的全面发展,等等。不同层次的企业价值观引导、制约着企业员工的行为取向,进而也决定着企业的阶段发展目标。

3. 企业目标——企业行动的"灯塔"

何为企业目标?简单地说,企业目标是以企业经营目标形式表达的一种企业观念形态文化。企业目标就是企业行动的"灯塔"。企业目标有若干基本特点。第一,经营目标数量化。如多少产值、多少收入等,把企业生产经营要达到的目标变成一系列具体数字。第二,全部内容集中化。如多少万元的产值、多少吨钢材的产量等具体数字,在反映企业经济奋斗指标的同时,也间接通过其经济指标的制订与实施过程,集中反映企业的价值追求、团体意识、企业形象等一系列企业文化内涵。第三,战略指向成果化。具体、实际的数字使企业经营发展战略指向以成果形态具体地事先表现出来,使企业员工在过程起点即可大体预知过程终点的情形。第四,发展指标观念化。经过各种形式的灌输、宣传等有效的思想工作,使企业目标深入人心,被高度认同,成为直接导向和调控人们行为的一种观念。

4. 企业道德——企业文化的行为规范

企业道德可以分为两个部分:一部分是企业对于企业成员的道德,另一部分是企业对于整个社会的道德。企业道德是社会道德的一部分,受社会道德的制约,同时它又对社会道德产生反作用。当一个企业树立起与社会道德相适应的道德时,这个企业的行为规范就有了标准,从而才能和谐地协调企业内部的各种关系。企业道德虽然没有强制性的约束力,但是具有强大的舆论约束力,因而,企业道德在企业文化建设中起着重要的作用。

企业道德通过两条途径调整五种关系。两条途径指:通过舆论和教育方式影响人的心灵;以传统、习惯、规章制度等形式在企业中确定下来。五种关系是:① 企业与顾客的关系,如企业销售必须讲信用;② 企业与生产者之间的关系,如真诚合作、互惠互利;③ 企业组织之间的关系,如企业竞争必须友好、公平,不能采取卑鄙手段;④ 企业组织与员工的关系,如企业组织必须不断改善工作条件,提高员工工资和福利待遇,员工必须忠于职守;⑤ 员工之间的关系,如员工之间应同心协力、开诚布公,同事如兄弟姐妹般相互关照,切忌"落井下石",等等。企业道德实际上是人们心中的"灵魂立法",用以规范员工和企业的行为,并肩协作、同心同德，为企业繁荣而奋斗。

5. 企业制度——企业文化的准则

企业制度是企业在长期的生产、经营和管理实践中生成和发育起来的一种文化现象。它既是企业为实现其盈利目标，要求其成员共同遵守的办事规程，又是处理其相互之间生产关系的各种规章制度、组织形式的行为准则、行为规范。它在实践上表现为带强制性质的义务。作为一个独立的企业文化系统，企业制度大体上包含三个方面的内容：① 员工群体在物质生产、流通、经营过程中所形成的相互关系——生产关系；② 建立在生产关系基础之上的各种规章制度和组织形式；③ 建立在生产关系基础之上的人与人的关系以及种种行为规范和准则。

企业制度的完备与否、企业制度的现代化程度的高低，特别是企业文化贯彻"人本"原则的自觉性和能力高低，与一个企业生产经营的成败关系极大。

事实是最能说明问题的。例如，某水泥厂坚持科学的人本原则，总结几十年企业管理的经验，提出并推行"规范化工作法"，用统一、科学的规范引发统一的行为，把 8 小时工作时间划分为 32 个时间单元，在每个单元的时间内，规定员工干什么，怎么干，按照什么顺序，干到什么程度，达到什么标准，从而使工作实现程序化、均衡化、标准化。同时，对每个工人实行定岗、定责、定薪，将竞争机制引入生产、管理岗位，彻底打破八级工资制，使大家在相同的条件下进行公平竞争。这样，有消极随意性的员工便产生了危机感；主观能动性强的员工更加强了紧迫感；中间状态的员工也大大提高了积极性，从而使整个企业以过硬的微观连续性管理，保证了企业目标的实现，获得了最佳经济效益。

这一事实，以及其他许多注重企业制度文化建设的事例告诉我们，这种主要立足于"治事"，而不是"治人"，且处处注重"感情投资"的企业制度、规范、准则等的改革、创新、调整，对企业生产、经营、管理，以及整个企业的发展，具有重大的意义和作用。

6. 企业民主——企业文化的"感情因子"

企业民主，即企业活动中企业员工的民主意识和主人翁意识，同时也是企业管理的一种制度。美国很多公司都极其重视企业民主，他们把员工视为合伙人，尊重他们，给予他们尊严，这就大大增强了企业员工的主人翁意识。美国 RMI 公司（Raza Microelectronics, Inc.）的总经理把大部分时间花在跟员工打招呼、开玩笑、听他们说话上，而且还亲昵地称呼很多员工的名字。正是由于他尊重员工、重视民主，曾三年未投资分文，却挽回了公司之前几乎80%的损失。

一般认为，企业民主的内容有三个层次：

第一，企业的民主意识。即从根本上树立企业员工是企业主人的观念，使他们以主人翁的态度积极参与企业管理。这是决定企业存亡兴衰的决定性因素。美国的许多公司都要求员工要知道公司的事情，要分享信息。化妆品公司LAMER要求公司的每位员工都要为公司的形象负起责任。组织的扁平化令许多公司都没有明确的指挥系统，员工能够直接同最高管理层接触，直接参与公司的管理，大家见面都直呼其名。

第二，民主权利和义务。员工有了民主意识，还必须规定相应的民主权利和义务，它既是民主意识的体现，又反过来促进民主意识的强化。美国惠普公司（Hewlett-Packard Development Company, L. P., 简称HP）的用人哲学被称为"惠普方式"，它使每位员工都有权享受公司的荣誉，承认"公司的成就是每个人努力的结晶"。美国DANA公司则强调"公司要为那些想要改进技能、拓展事业或想加强通才教育的工作人员提供训练与发展的机遇"。

第三，企业的民主习惯和传统。这是企业民主制度在企业和员工行为中的具体体现，并形成一种惯例，不需要克服困难就能得以实现的自觉行为。比如使民主选举、民主评议、民主对话成为一种惯例，它是企业民主发展到高水平、高境界的表现。如广州南方大厦百货公司长期实行的"沟通日"制度，已成为企业的一种民主习惯与传统。企业民主的形成需要一个长期的培育过程，既需要外在的社会经济条件，又需要企业内部决策层、管理层等各级人员的共同努力，关键在于决策层的认识和观念。

7. 企业文化活动——企业的功能文化

企业文化活动，作为企业的功能文化，总的来说，有如下三个特点。

第一，功能性。不论是哪种形式的文化活动，一般说来，都是为了发挥其特定功能而进行的，并不是因为它们与其特殊的企业生产有必然的、内在的联系（当然技术性活动有些不同）。还要指出的是，一般企业文化所具有的如发展物质文明的主导功能、对精神文明建设的主体功能、对智力开发的动力功能、对共同意识的凝聚功能等，企业文化活动都具有。

第二，开发性。这包括三个具体内容：一是开发生活，拓展人的生活空间，丰富人的生活内容，增添人的生活乐趣，美化人的生活、心理、文化环境。二是开发人的素质，包括人的体质、智力、脑力以及道德情操、价值追求、品质修养等。三是生产、技术、工艺、产品等的开发。

第三，社会性。一方面，企业组织的各种功能性文化活动，本身即带有共性，是社会各企事业单位、社会团体等都可以举办的"通用件"（专业技术培训等例外）。另一方面，他们又可通过这些功能性文化活动，如歌舞晚会、舞会、各种球赛、报告会等，同社会各界加强联系，相互交流信息，提高企业的社会声望；同时，在与社会各界日益增多的接触中，亦可更多地了解用户、消费者对本企业产品、服务的意见和要求，提高产品（服务）质量，促进企业生产经营的发展。

作为企业功能文化，企业文化活动大体上可分为文体娱乐性、福利性、技术性、思想性四大类型。

（1）文体娱乐性活动

这类活动是企业内部（也包括部分以企业名义）开展和组织的文艺、体育等活动，如征文比赛、摄影比赛、书法比赛、周末舞会、文艺演出、春秋季运动会、各种球类比赛等。企业经常举行交流、比赛、辅导、展览等活动，不仅满足了不同层次员工对文化生活的需要，而且形成了适应现代化生产的文明、健康、科学的生活方式和积极向上的文化氛围。这种文化氛围滋养着企业特有的优良传统和精神风貌。

（2）福利性活动

这类活动主要是企业从福利方面关心员工的各种活动。企业通过这些活动，在员工中、在企业内外，营造浓厚的人情味，打造有利于企业发展的"人情场"，使员工加深对企业的感情，加深对这种福利环境和文化氛围的依恋感。

（3）技术性活动

这类活动主要是指在常规的企业生产、经营之外，围绕企业的生产、经营、技术开发等核心问题，由企业倡导或员工自发组织进行的技术革新、管理咨询、劳动竞赛、教育培训等活动。这类文化活动可以激发员工的创造欲和成就感，使员工看到自己的价值和责任；同时，它又是企业结合生产经营，在生产过程之外培育和开发员工素质的一个基本途径。这些活动每一次的圆满成功可以使员工产生一种满足感，从而持久地促进企业健康向上、积极进取文化环境的生成和发展。

（4）思想性活动

这类活动包括以下两种类型：首先，是一些政治性的文化活动，如开展形势教育、法制教育、理想教育、道德教育、政治学习和其他有关的思想政治工作。其次，还有一些如新书报告会、生活对话会、沙龙等活动。

8. 企业形象——企业文化的无形资产

企业形象是指企业文化的综合反映和外部表现。它主要通过企业经营管理的行为及其产品在企业外部的形象，即通过员工的形象、产品形象和环境的形象体现出来。企业形象同样是企业文化的一个主要因素，它在企业内部有凝聚和激励作用，在企业外部有吸引和辐射作用。

9. 企业素质——企业文化的必备"软件"

关于企业素质，这些年来学术界和企业界内部几乎天天在谈、时时在说，虽有以文字呈现的，但系统、全面、完备的著述尚未见到。

我们认为，人的素质主要包括精神素质、智力素质和体力素质三个方面，其中，精神素质是人的主导素质，智力素质是人的主体素质，体力素质是人的物质素质，三者的流变统一，构成了活生生的人。但是，迄今为止，关于企业素质的观点纷呈，说法不一。

10. 团队意识——企业文化的集中体现

对于企业来说，团队意识是至关重要的。人们都明白，社会化大生产优越于小生产，优越于自然经济。它为什么优越呢？核心的东西是靠分工协作、专业化而生成的"集体力""结合力"。这也就是系统论举例说明的 $1+1>2$（而不是等于2）的"系统效应"，而"集体力""系统效应"的生成是同团队意识密切相关的。可以说，没有团队意识，就谈不上群体中成员之间的协同动作，就谈不上作为它们各个能力的总和的"集体力"。

这就是说，发展企业文化，要增强人们的团队意识，从而改变人们原来只从个人单体角度考虑问题的思维定式，建立价值体系的思维和行为模式，从而潜意识地对企业产生出一种强烈的向心力，强化人们的整体意识、集体观念。具有强烈团队意识的企业成员，会对企业所承担的社会责任和企业目标有深刻的理解，自觉地调节个人行为，使自己的思想、感情和行为与企业整体相联系。这样，企业的各项工作就能有机地联系起来，整个企业就能有节奏地运行。

三、企业文化的功能

美国兰德公司（RAND Corporation）、麦肯锡公司（Mckinsey & Company）、国际管理咨询公司的专家通过对全球优秀企业进行研究，得出的结论是：世界500强公司胜出其他公司的根本原因，就在于这些公司善于给他们的企业文化注入活力，这些一流公司的企业文化同普通公司的企业文化有着显著的不同，他们最注重四点：一是团队协作精神；二是以客户为中心；三是平等对待员工；四是激励与创新。这些一流公司凭着这四大支柱所形成的企业文化力，经久不衰。

企业文化对企业长期经营业绩有重大作用,这个作用不是促进,而是直接提高。美国知名管理行为和领导权威约翰·科特(John P. Kotter)教授与其研究小组,用 11 年时间研究了企业文化对企业经营业绩的影响力,结果证明:凡是重视企业文化因素特征(消费者、员工、股东)的公司,其经营业绩远远超过那些不重视企业文化建设的公司。他们在 2011 年的考察结论如表 1 所示。

表 1　企业文化对企业经营业绩的影响力

指标	重视企业文化的公司	不重视企业文化的公司
总收入平均增长	682%	166%
员工增长	282%	36%
公司股票价格增长	901%	74%
公司净收入增长	756%	1%

由表 1 可见企业文化对企业业绩发挥的作用。具体说来,企业文化一般具有以下六个方面的基本功能:

1. 导向功能

企业文化能对企业整体和企业成员的价值及行为取向起引导作用,具体表现在两个方面:一是对企业成员个体的思想和行为起导向作用;二是对企业整体的价值取向和经营管理起导向作用。这是因为,一个企业的企业文化一旦形成,它就建立起了自身系统的价值和规范标准,如果企业成员在价值和行为的取向与企业文化的系统标准产生悖逆现象,企业文化会对其进行纠正并将其引导到企业的价值观和规范标准上来。

2. 约束功能

企业文化对企业员工的思想、心理和行为具有约束和规范作用。企业文化的约束不是制度式的"硬"约束,而是一种"软"约束,这种约束产生于企业的企业文化氛围、群体行为准则和道德规范。群体意识、社会舆论、共同的习俗和风尚等精神文化内容,会造成强大的群体心理压力和动力,使个体行为从众化,使企业成员产生心理共鸣,继而达到行为的自我控制。

3. 凝聚功能

企业文化的凝聚功能是指,当一种价值观被企业员工共同认可后,它就会成为一种"黏合力",从各个方面把其成员聚合起来,从而产生一种巨大的向心力和凝聚力。企业中的人际关系受到多方面的调控,其中既有强制性的"硬"调控,如制度、命令等,也有说服教育式的"软"调控,如舆论、道德等。

4. 激励功能

企业文化具有使企业成员从内心产生一种高昂的情绪和奋发进取精神的效应。企业文化把尊重人作为中心内容，以人的管理为中心。企业文化给员工多重需要的满足，并能用它的"软"约束来调节各种不合理的需要。所以，积极向上的理念及行为准则将会形成强烈的使命感、持久的驱动力，成为员工自我激励的一把标尺。一旦员工真正接受了企业的核心理念，就会为公司更加努力、高效地工作。

5. 辐射功能

企业文化一旦形成较为固定的模式，它不仅会在企业内部发挥作用，对本企业员工产生影响，而且也会通过各种渠道（宣传、交往等）对社会产生影响。企业文化的传播将帮助企业树立良好的公众形象，提升企业的社会知名度和美誉度。优秀的企业文化也将对社会文化的发展产生重要的影响。

6. 品牌功能

企业在公众心目中的品牌形象，是一个由以产品服务为主的"硬件"和以企业文化为主的"软件"所组成的复合体。优秀的企业文化，能够对提升企业的品牌形象发挥巨大的作用。无论是世界著名的跨国公司，如"微软""福特""可口可乐"，还是国内知名的企业集团，如"海尔""格力"等，其独特的企业文化在品牌形象建设过程中发挥了巨大作用。品牌价值是时间的积累，也是企业文化的积累。

第三节
企业文化分层与分类

一、企业文化的分层

总的来说，西方学者们比较统一的看法是：企业文化的主要内涵是价值观，一个企业组织内部所形成的独特的文化观念、价值观念、信念、历史传统、价值准则、行为规范等等，依赖于这些文化，企业内部各种力量统一于共同的指导思想和经营哲学之下。著名经济学家于光远提出的"企业文化五层次论"，认为企业文化有五个层次：

第一，20世纪80年代在美国、日本首先推行的价值观文化。

第二，企业要运用的各种经营文化和管理文化。

第三，旨在提高企业职工文化水平、文化素质和满足企业职工文化需要的文化。

第四，由企业进行的满足企业外社会广泛需要的文化。

第五，旨在提高企业家参与国家有关经济政策制定和实行的意识以及提高企业家这方面能力的文化。

然而，司肖理论（Corporate Identity System，CIS，企业识别系统）把企业形象作为一个整体进行建设和发展。司肖系统基本上由以下三者构成：企业理念识别（Mind Identity，简称MI）；企业行为识别（Behavior Identity，简称BI）；企业视觉识别（Visual Identity，简称VI）。MI是抽象思考的精神理念，难以具体显现其中内涵，表达其精神特质；BI是行为活动的动态形式；VI用视觉形象来进行个性识别。

（1）理念识别

理念识别是一个企业在生产经营活动过程中的经营理念、经营信条、企业使命、企业目标、企业哲学、企业文化、企业性格、企业座右铭、企业精神和企业战略等的统一化。换言之,企业理念是企业在开展的生产经营活动中的指导思想和行为准则。它包括企业的经营方向、经营思想、经营道德、经营作风和经营风格等具体内容。

(2)行为识别

CIS功能包括对内和对外两部分。对内包括对干部的教育、员工的教育(如服务态度、接待技巧、服务水准、工作精神等)、生产福利、工作环境、生产效益、废弃物处理、公害对策、产品研发等;对外包括市场调查、公共关系、促销活动、流通政策、银行关系、股市对策、公益性活动、文化性活动等。

企业的行为识别几乎涵盖了整个企业的经营管理活动。不同企业的企业行为在内涵上又有所不同。如银行业重视外观形象和社会形象,销售企业重视外观形象和市场形象等。在企业行为中能直接作用到公众、形成公众的印象与评价的因素,主要可分为七种形象22项因素。七种形象如下:

① 技术形象:技术优良,研究开发力旺盛,对新产品的开发热心。

② 市场形象:认真考虑消费者问题,对顾客服务周到,善于宣传广告,消费网络完善,具备较强的国际竞争力。

③ 风气形象:整洁,具有现代感,良好的风气,和蔼可亲的态度。

④ 未来形象:具有未来性,形象积极,合乎时代潮流。

⑤ 外观形象:信赖感稳定性高,企业规模大。

⑥ 经营者形象:经营者具有优秀的素质。

⑦ 综合形象:一流的企业,令股民想购买此公司股票,希望自己或子女在该公司工作。

企业的行为识别偏重于行为活动的过程,消费者对其认识也需要一定的时间,而且随着时代的变化,企业的行为识别内容也在不断地调整,以符合整体司肖系统的变革。

(3)视觉识别

一般包括基本设计、关系应用、辅助应用三个部分。基本设计包括企业名称、品牌标志、标准字、标准色、企业造型、企业象征图案、企业宣传标语、口号、吉祥物等;关系应用包括办公器具、设备、招牌、标识牌、旗帜、建筑外观、橱窗、制服、交通工具、包装用品、广告宣传、展示陈列等;辅助应用包括样本使用法、物样使用规格及其他附加使用等。

在CIS所有活动中,效果最直接,在短期内表现出的作用最明显的是统一的视觉识别VI设计,可以在企业对外宣传和企业识别上获得最有效、最直接的具体效果。也正因为如此,很多人把VI等同于CIS,甚至把VI

等同于"企业形象"。在此，希望读者能引起注意。

在 VI 中，视觉的设计是论证 VI 成功的关键。一个良好的设计应该具有以下几个要素：

① 能反映企业的理念识别的基本特征。

② 能反映企业基本经营性质。

③ 视觉设计必须容易辨认，令人印象深刻，具有系统性以及严格区别于其他同类企业。

④ 视觉设计必须具有美感，赏心悦目，能被绝大多数人接受并能引起他们的好感。

二、企业文化的分类

1. 按照企业的任务和经营方式的不同分类

特雷斯·迪尔和艾兰·肯尼迪把企业文化分为四种类型：

（1）强悍型文化。这种文化鼓励内部竞争和创新，鼓励冒险。具有竞争性较强、产品更新快的企业文化特点。

（2）猛干猛玩型文化。这种文化把工作与娱乐并重，鼓励职工完成风险较小的工作。具有竞争性不强、产品比较稳定的企业文化特点。

（3）赌注型文化。这种文化在周密分析基础上孤注一掷，一般具有投资大、见效慢的企业文化特点。

（4）按部就班型文化。这种文化着眼于如何做，基本没有工作的反馈，职工难以衡量他们所做的工作。具有机关性较强、按部就班就可以完成任务的企业文化特点。

2. 按照企业的状态和作风的不同分类

（1）有活力的企业文化。特点是：重组织、追求革新、有明确的目标、面向外部、上下左右沟通良好、责任心强。

（2）停滞型企业文化。特点是：急功近利、无远大目标、带有利己倾向、自我保全、面向内部、行动迟缓、不负责任。

（3）官僚型企业文化。特点是：例行公事、官样文章。

3. 按照企业的性质和规模的不同分类

（1）温室型。传统国有企业所特有，对外部环境不感兴趣，缺乏冒险精神，缺乏激励和约束。

（2）拾穗者型。中小型企业特有，战略随环境变动而转移，其组织结构缺乏秩序，职能比较分散。价值体系的基础是尊重领导人。

企业文化管理
——校企协同育人创新实践探索

（3）菜园型。力图维护在传统市场的统治地位，家长式经营，工作人员的激励处于较低水平。

（4）大型植物型。大企业特有，其特点是不断适应环境变化，工作人员的主动性、积极性受到激励。

4. 按照企业对各种因素重视程度的不同分类

埃德加·沙因认为，组织文化可以分为四个层次：人工制品、名义价值标准、实际价值标准和基本潜在假设。人工制品是组织文化中最显而易见的部分，是象征组织文化的最为具体有形的方面。名义价值标准是由组织领导宣布的组织企图达到的公共的价值标准和原则。实际价值标准就是组织员工所表现出来的独立的、可以观察到的行为所体现的价值标准和原则。基本潜在假设是指那些由感受、观念、思想和行为所构成的无意识信仰和价值标准。

（1）科层型。在垄断的市场中由从事经营的公司所拥有。非个性化的管理作风，金字塔式组织结构，注重对标准、规范和刻板程序的遵循，组织内部缺乏竞争，人们暗地里钩心斗角。

（2）职业经理型。工作导向有明确的标准，严格的奖惩制度，组织结构富于灵活性，内部竞争激烈。

（3）技术型。由技术专家掌权，家长式作风，主要依赖技术秘诀，职能制组织结构。

5. 按照企业关注内容与行为方式的不同分类

组织文化评价量表（Organizational Culture Assessment Instrument，简称OCAI）是由美国密西根大学商学院的罗伯特·E. 奎因（Robert E. Quinn）教授和凯斯西部保留大学商学院的金·S. 卡梅隆（Kim S. Cameron）教授在长期研究组织文化的基础上，开发出来的测量组织文化的量表。

基于 OCAI 模型，结合中国传统文化，5D 性格分析专家宋联可提出 5D 企业文化模型。5D 企业文化模型根据内倾—外倾、感性—理性两个维度将企业文化分为五个类型，分别为金文化、火文化、木文化、水文化、土文化，如图 1 所示。

参考 OCAI 所使用的六个方面，5D企业文化量表也从主导特征、领导风格、员工管理、组织凝聚、战略重点、成功准则六个方面进行分析。每类文化在这

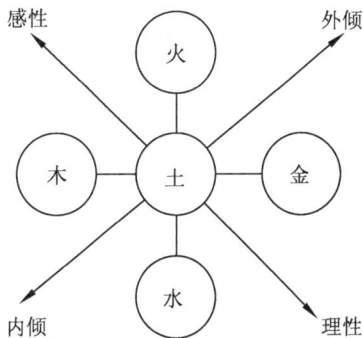

图1 5D 企业文化模型

六个方面的显著特征如表 2 所示。

表 2　5D 企业文化特征

类型	主导特征	领导风格	员工管理	组织凝聚	战略重点	成功准则
火	充满活力、激情四射	开拓创新、感情丰富	鼓励创新、自由开放	推陈出新、文体活动	获取资源、寻找机遇	业绩导向、技术革新
金	强调竞争、目标导向	精力充沛、自信心强	提倡竞争、授权管理	自由发挥、公平竞争	参与竞争、外部合作	品牌价值、高竞争力
木	控制严格、层级分明	循序渐进、循规蹈矩	无微不至、纪律严明	共同指标、规章制度	稳步经营、完善制度	团队合作、员工忠诚
水	强调学习、鼓励进步	指导培养、条理清晰	奖惩分明、教练指导	集思广益、自我管理	关注发展、重视效率	强调效率、长远发展
土	树立信仰、包容大气	包容体谅、鼓励协作	团队合作、沟通顺畅	相互信任、共同信仰	制订目标、引导思想	坚定信念、平衡关系

本章复习思考题

1. 标志着企业文化研究兴起的四部著作是什么？感兴趣的同学请安排时间课外阅读。

2. 企业文化的内涵是什么？其组成要素有哪些？

3. 企业文化有何功能？对企业的经营有何影响？

4. 企业文化的"五层次论"的主要观点是什么？

5. 企业识别系统（CIS）包括哪些方面的内容？其相互关系如何？

6. 谈谈你对 5D 企业文化模型的理解。

案例分析

跟随企业生长的文化才影响深远

一、好日子坏日子，节俭才能过日子

2012 年 10 月，一则"尚德将要申请破产"的消息，引起轩然大波。曾享有全球太阳能面板制造商"带头大哥"称号、中国光伏产业传奇——尚德，突然陷入不得不面临破产重组的困境，令世人震惊。正当外界猜想谁将会是尚德的拯救者时，一匹出乎众人意料的"黑马"一跃而出，发布公告宣称收购尚德股权，并于2013年5月22日与尚德太阳能订立股权转让协议，它就是江苏顺风光电科技有限公司（简称"顺风光电"）。人们充满了困惑：顺风光电在行业里只能算一个中型企业，相比其他巨头，它凭什么收购尚德？

在这个传奇的"蛇吞象"故事之后，人们开始去剖析顺风光电这家名不见经传的企业。关于它的成功因素有很多版本，作者并不想一一分析对比，归纳总结出所谓的根本原因。每一家企业都有自己的基因，在成长的过程中逐步形成，又持续地影响着企业发展。我们看见的是企业文化，看不见的也是企业文化，它如影随形，在不知不觉中就决定了一家企业的命运。顺风光电并没有大张旗鼓地去"塑造"企业文化，甚至都没整理出系统的文化理念，但是，问起顺风光电人，企业有什么特点时，他们会不约而同地说到"节俭"。节俭是顺风光电的企业文化之一，节俭与"蛇吞象"的故事似乎相去甚远，这固然不是决定因素，但它确实是成就企业的原因之一。

众所周知，近几年光伏产业的现状并不乐观，光伏巨头们频频出事，被曝光的破产新闻也并非只是"中国现象"。由于刚开始，多晶硅利润巨大，许多地方政府、企业投资者一哄而上，光伏产业产能扩张过快，一时间，"光伏基地"遍地开花。2011年以来，欧洲需求急剧降低，光伏组件价格跌幅超50%，风光一时的光伏产业迅速进入了寒冬。

投资者们只一味地注重生产规模和资金扩张，加上过惯了光伏产业的好日子，根本不重视、不懂得合理控制成本，一旦陷入困境，绝大多数投资者都输在了资金链上。那些勤俭节约、未雨绸缪的企业，才能最终挺过"寒冬"。

二、有根源有传承，积淀方有真文化

文化一定要有根有源，需要历史的沉淀。顺风光电的成本意识，也与它的成长历史有着不可分割的联系。顺风光电的执行董事原来是银行家，他对财务成本精于核算，善于"勤算账，善算账，算细账"，懂得合理地开源节流，最大限度地降低成本，从而盘活资产。再者，顺风光电是由普通乡镇企业发展而来的，从当初的小企业发展成为如今的大公司，深知创业难守业更难，从而更加珍惜来之不易的成果。

既然文化的传承需要依托载体，那么一路走来，顺风光电最重要的载体是什么呢？首先，是领导的言传身教。在发展中，顺风光电并没有非常刻意地强调什么理念，领导是最好的榜样。在日常工作中，员工看到领导的一言一行，深受感染，渐渐也养成了勤俭节约的习惯。再者，有导向性的制度。制度能够引导员工向企业期望的方向发展。顺风光电的制度虽然不是很系统，但很实用。比如合理化建议制度，就很好地倡导了节约成本的行为。

企业文化管理
——校企协同育人创新实践探索

顺风光电出台《合理化建议管理规定》，是为了鼓励员工参与管理，挖掘公司经营潜力。员工们踊跃参与，在自己的本职工作岗位上献言献策，2012年下半年就有11个部门提报建议。由于全体员工都有很好的成本意识，在提交的建议中，大多数都与控制成本有关，如石墨舟破损改善PDCA、扩散电热偶保护计划、五六线降低硅落、五六线多晶报废、废旧墨盒灌粉、通信费用降低、废酸的降本等七个经济性合理化建议，就为公司节约成本248.67万元。制度是传承文化的载体，合理化建议更好地引导、推进、落实了成本理念。类似的制度还有很多，也在无形中推进了节俭文化。

三、你节俭我节俭，控制成本走更远

无论是高层领导，还是基层员工，"节俭"的习惯似乎已经成了该公司的基因，通过采访顺风光电行政总监钟华和他的团队，我们从不同方面都感受到了顺风光电的成本导向文化。也许从一些小例子，更能感受到顺风光电真实的文化。

1. 在理念上：先解决温饱，后包装文化

顺风光电一直倡导"人本理念"，让员工吃饱饭，让员工吃好饭。通过调查发现，顺风光电员工平均工资高于当地水平，全员参与社保并发放公积金，每年年底有年终奖且逐年递增。虽然公司的发展已上了一个大台阶，受到外界的高度关注，此时大张旗鼓地包装文化也无可非议，但是公司高层却认为，把钱用在员工身上更实际。钱应该用在企业最需要、最有效的地方，这是顺风光电根深蒂固的理念。

2. 在制度上：绿化建设，资源整合

在参观顺风光电厂区时，细心的人会发现，厂区有一大片葱郁的树木和绿色的草坪。顺风光电在追求经济效益的同时，也注重环境效益，正如他们所倡导的"让山更绿，让水更清，让天更蓝"。但是通过和内部工作人员交流才知道，他们并没有在绿化上投入经费，相反，他们还因此有小小的收入。聪明而节俭的顺风光电人，想到一个好主意——租土地给绿化公司。绿化公司需要土地来种植各类花草树木，顺风光电需要绿化、美化厂区环境。通过出租土地，双方都以低成本的方式满足了自己的需求。

3. 在行为上：言传身教，上行下效

在员工餐厅，领导们都以身作则，每次打的饭菜都尽量吃完不剩下。有一天中午，一位高管去食堂打饭，快到打饭窗口的时候，碰巧看到一位员工把吃不完的米饭往回收桶里面倒,分量还不少。这位高管立刻走上前对他进行教育,并把行政总监也叫到了现场,以此为例,号召全公司都应爱惜粮食。虽然这件事看起来似乎有些小题大做,但正是因为管理者们事事严己、处处关注,在小事上引导,诚挚地说服员工,才让员工逐渐形成节俭的好习惯。

4. 在视觉上:无奢华装修,却错落有致

如果你是首次去参观顺风光电厂区,一进大门,除了有一种"宾至如归"的感觉,更会感受到一种整洁宽敞的立体感。也许你会感觉看不出这是顺风光电,因为这里没有扑面而来的视觉统一,也没有精致细微的视觉设计,看起来就是一个非常普通的工厂。是的,顺风光电并没有花钱来做 VI 设计,甚至有一层办公楼因为暂时不用,所以根本不装修。顺风光电并不是不注重外在形象,而是深知每个阶段有其重点与使命,要做核心的工作、做实际的工作,至于 VI 设计与装修,会在合适的时候再推行。所以,我们看到的是整洁、简约、有效利用空间的顺风光电,这难道不正是顺风光电的形象吗?

访谈与参观这个传奇故事的主角,让我们对顺风光电有了完全不一样的认识,对企业文化建设也有了更深的感悟。企业文化不是包装出来的产品,它随着企业成长逐步形成,又不断地影响着企业的发展。真正的文化是"长"出来的,虽然没有任何华丽的外衣,但却是决定企业成长的基因。

光伏行业已褪去被过分渲染的"高新技术产业"光环,今后要潜心学习传统行业的管理模式,练好基本功,夯实基础。当一批批光伏企业相继倒下时,以"成本导向文化"引导的顺风光电却挺住了危机、抓住了机遇,让我们再次看到了文化对企业发展的深远意义。

案例思考题

1. 顺风光电上演"蛇吞象"的主要原因是什么?
2. 顺风光电的节俭文化体现在企业的哪些方面?
3. 顺风光电的节俭文化给你怎样的启示?

第二章

企业文化理念

企业文化理念层

一、企业文化理念的概念

企业文化是企业所创造的所有物质产品和精神产品的综合，企业文化理念则是企业所形成的具有自身特点的经营宗旨、价值观念和道德行为准则的综合。对于企业识别，人们最熟悉的就是视觉识别。但对于企业来讲，纯粹的视觉识别是没有什么实际意义的，视觉识别只有与行为识别结合在一起才有意义和内涵。一个企业只有具备与众不同的、良好的行为识别才能给社会公众留下美好的印象，使人们看到企业的标识时就会联想到企业与众不同的行为与体验。

所以，重要的不是企业设计制作了什么图文视觉的标识，也不是企业赋予了它什么含义，而是企业做了什么，包括企业每一名员工的行为。这个行为识别包含企业每位员工个体的语言、行为以及整个组织的言行。企业成员做了好的事情，自然会给企业的视觉识别增添正面的附加值，反之，则增添负面的附加值。

企业及其成员的日常言行构成了这个企业的行为识别系统，而这些行为识别的具体内容将附加在企业的视觉识别系统之中，通过各种方式展示给人们。视觉识别的存在和运动则传递着企业的行为识别。如人们通过乘坐某航空公司的飞机，会感受到机组人员的服务质量、机内环境状况等，这些感受一旦形成之后，不论在哪里，如果他看到或听到某航空公司的名字或看到某航空公司特定的图文标识时，就会立即回忆起这家航空公司的班机与服务。所以，企业标识的寓意不取决于公司的阐释，而取决于企业行为识别。

因此，顾客接受企业的文化理念，绝不是接受一句漂亮的口号，而是接受这种文化理念渗透、融入每一名员工的灵魂深处后，外化出来的日常行为习惯。准确地讲，就是客户能否在这家企业寻找到物超所值的感觉。如果能寻找到这种感觉，那就说明企业的理念落地了。

二、企业文化理念的核心内容

企业文化的核心理念一般包括四个方面的基本内容：企业精神、企业核心价值观、企业愿景、企业使命。

企业文化的四种核心理念的关系是相互联系、相互影响的。企业使命和愿景共同影响企业价值观的形成，而使命、愿景以及价值观又共同影响企业精神，企业精神是使命、愿景以及价值观的外在表现。企业使命和企业愿景体现出企业这个组织的行为方向和行为内容；企业价值观和企业精神体现出企业这个组织的行为方式和行为风格。整体来说，企业这个组织一旦组建形成，这四种核心理念就随着企业在生产经营过程中酝酿和生长。在适当的时候，企业文化核心理念如能够被正确地总结、提炼出来，企业就能够在明确的理念指导下长久发展。

下面用中国历史小说《水浒传》里的故事来说明。虽然"水泊梁山好汉"是一个偏向于政治属性的组织，与一般纯经济意义的企业组织有差别，但应用于本书来说明企业文化核心理念的定义和作用，对我们理解企业文化核心理念的概念是很有帮助的。（1）"梁山好汉"的使命：替天行道。梁山好汉集结在一起的共同使命就是"替天行道"，明确了该组织存在于社会中的意义。（2）"梁山好汉"的愿景：为兄弟们找出路。这个愿景是宋江在成为梁山的首领之后提出来的，更简洁的表达就是"招安"。宋江无时无刻不在希望朝廷招安，因此将此愿景描述成"为兄弟们找出路"或者"为各位兄弟谋得一官半职"。（3）"梁山好汉"的价值观：忠、义。这个价值观是宋江执掌帅印之后确立的。宋江将原先的"聚义堂"改为"忠义堂"，这实际是基于宋江确立的愿景决定的。确定以"忠"为价值观，就是表明梁山好汉组织的任何行为都要忠于朝廷，不能违背，仅仅一个字就确定了梁山好汉们的命运。（4）"梁山好汉"的精神：为兄弟两肋插刀、不怕死，用现代的话说就是具有勇敢、团结、奉献的精神。若要想实现"忠、义"，就要有奉献的精神，要团结和勇敢。

1. 企业精神
企业精神是指员工优秀的精神面貌的总和，是他们在工作中处理人际关系、克服困难、不断进取等行为过程中表现出来的态度和作风，体现着企业员工在长期的生产经营中的追求和方向，也是对本企业的历史发展中形成的好传统、好作风的提炼和升华。同时，企业精神是时代精神的体现，是企业个性与时代精神相结合的具体化，能够让人从中把握时代脉搏，感受到时代赋予企业的勃勃生机。

优秀企业的企业精神体现着自己的个性，简洁生动、与时俱进。例如：

海尔：敬业报国，追求卓越；创造资源，美誉全球。

中国移动：沟通从心开始。

蓝天集团：创优传承历史，创新成就未来。

2. 企业核心价值观

企业核心价值观是企业为追求愿景、实现使命而提炼出来的，指导企业上下形成共同行为模式的精神元素，是企业用以判断企业运行当中大是大非的根本原则，指明企业提倡什么、反对什么、赞赏什么、批判什么，解决企业在发展中如何处理内外矛盾，如企业对市场、对客户、对员工等的看法或态度。

一个优秀的企业必须有自己明确的核心价值观，并且应该是恒定的，有了核心价值观，企业才会有明确的价值判断依据，员工的行为也才会有明确的是非判断标准。例如：

惠普公司：我们对人充分信任与尊重，我们追求高标准的贡献，我们将始终如一的情操与我们的事业融为一体，我们通过团队，通过鼓励灵活与创新来实现共同的目标——我们致力于科技的发展是为了增进人类的福利。

3. 企业愿景

企业一旦明确了自己在社会中存在的使命，就有了相应的对未来的愿景，愿景就是告诉人们"企业是什么"，告诉人们企业将做成什么样子，是对企业未来发展的一种期望和描述。只有清晰地描述企业的愿景，员工、社会和合作伙伴才能对企业有更为清晰的认识。一个美好的愿景能够激发人们发自内心的感召力量，激发人们强大的凝聚力和向心力。企业有了愿景，就有了长期追求的目标，员工就有了一个明确而持续的努力方向。优秀企业的企业愿景目标宏伟，语言令人振奋，有明确的途径可循。例如：

万科：成为中国房地产行业的领跑者。

天元：构筑自强和谐天元，打造百年长青基业。

福特：让马从马路上走开，让大众都能买上汽车。

松下：让家用电器像自来水一样流进每个家庭。

4. 企业使命

企业的使命指出了企业所肩负的任务、责任和企业的终极追求，是企业开展经营活动的根据，主要回答企业存在的根本目的和理由是什么，是企业存在的意义的高度概括。管理大师彼得·德鲁克（Peter F. Drucker）曾指出，建立一个明确的企业使命应成为战略家的首要责任。

作为一个优秀企业必须有自己的使命，企业管理的最终目的也都是为了更有效地完成自己的使命，企业员工有了使命感，才会有动力源泉，激发出自己的潜能。优秀企业的企业使命是超脱员工、企业、客户的利益的，几乎与商业利益无关，它主要在于呈现出企业对人类、对社会的价值。例如：

惠普：为人类的幸福和发展做出技术贡献。

迪士尼：让人们快乐。

索尼：体验发展技术造福大众的快乐。

沃尔玛：给普通百姓提供机会，使他们能与富人一样买到同样的东西。

三、企业文化理念的落实

一个企业之所以能够长期给人与众不同的行为识别，企业的成员之所以能有与众不同的精神风貌，关键是因为企业有与众不同的企业理念。如海尔的"真诚到永远"，支撑着海尔与众不同的服务质量；沃尔玛的"永远让顾客买到最便宜的商品"的理念，决定了它在全球范围内实施着最低价的商品采购战略，其一切经营管理手段都与此理念不无关系。但是这些理念性的东西能否让顾客接受，关键不在于顾客，而在于企业的行为。企业能否把这些理念落实到具体的行为上决定着顾客接受的程度。如果海尔的"真诚到永远"只停留在口号上，没有落实到经营管理的每一环节，顾客是不买账的；如果沃尔玛没有把"让顾客永远买到最便宜的商品"的理念落实到经营管理的每一环节和每一名员工的行为上，那么顾客也将离它而去。

理念是一个企业的灵魂。

第一，企业的理念一定是全员的理念。不能仅仅是高层或老板的个人理念，尤其是要杜绝老板或高层几个人一商量，就下发全员推广操作的做法。适宜的做法是：一是要寻求企业现存的、最具广泛性的正面理念；二是要加进企业主管所希望的价值观；三是把初次提炼出来的理念条款尽可能广泛地征求员工的意见，走民主的道路，让全员参与；四是要征求专家的意见，凝练升华。这样得来的企业理念就有了群众基础，即使不是全员的理念，经过上述过程也就全员化了。

第二，要大张旗鼓地进行宣传推广。要让每一名员工都知道企业文化理念，并尽可能地理解、领会它，让理念深入每一名员工的内心。具体形式可以多种多样，如果能借助媒体则更好。

第三，印制成册，讨论学习。把理念以及由此理念派生的理念系列，结合企业的视觉识别和行为识别，使之标准化后印制成册，成为企业员工随时随地可以浏览、学习、讨论的标准。

第四，让理念更好地为企业经营管理服务。围绕企业具体的操作流程、管理制度、行为识别的建立，做好融会贯通的工作。

要加强培训，不断提高全员素养，把培训工作作为日常性工作。不但新员工要培训，老员工也要经常轮训，领导班子更要经常地学习、训练和研讨。同时，也要不断完善操作流程和制度，使每一流程都能体现出理念的精髓。

加强监管和技术防范，领导要带领全员不断推陈出新，充分发挥领导的影响力，透过员工的行为看到企业理念的精神支撑。

第五，坚持不懈，必有成效。企业只要坚持不懈地重复上述理念并落实于企业日常的经营管理工作中，日积月累，企业的理念必将通过全员的日常行为体现出来，形成企业的整体统一的行为识别。只要是好的理念，顾客自然会在心理上认同，自然会购买企业的产品、接受企业的服务。

第六，企业理念识别系统的建立和完善，要伴随企业的发展全过程。企业不可能在最初创业时就有完整的理念识别系统，虽然老板可以喊几句漂亮的口号，但那不是理念。真正的企业理念应深深融入每一组织成员的思想深处，物化为每一个经营管理的细节。因此，企业理念的落实不是朝夕之功。当然，作为企业还是希望尽快缩短员工认同理念的时间过程，因此企业在选聘新人时，要注意其价值观念与企业理念的大体一致性，因为有共同理念的人才能够目标一致、齐心协力、共同奋斗。

一、企业核心价值观的概念

企业核心价值观就是指企业在经营过程中始终坚持并努力使全体员工都信奉的信条。企业核心价值观是企业哲学的重要组成部分，它是解决企业在发展中如何处理内外矛盾的一系列准则，如企业对市场、对客户、对员工等的看法或态度，它是企业表明自己如何生存的主张。企业核心价值观是"一个企业本质的和持久的一整套"原则，它既不能被混淆于特定企业文化或经营实务，也不可以向企业的财务收益和短期目标妥协。它深深根植于企业内部，是没有时限地引领企业进行一切经营活动的指导性原则，在某种程度上，它的重要性甚至要超越企业的战略目标。

企业的战略目标（帮助实现某个任务的特定目标）、企业的使命和经营目的（企业生存的最基本原因）、企业的愿景（关于设想中未来图像的描绘）都不能与企业核心价值观相混淆。所有这些词在成功的企业中自有它们的位置。然而，企业核心价值观是所有企业的目标的先驱，是一切企业目标为之奋斗的基础，表现为企业对所期待的目标做出的价值选择，对自身存在意义的认识，确定企业行为合理性原则以及指导企业健康发展的价值取向等。这就要求企业在进行企业文化价值观建设过程中，要充分考虑到各种外部制度环境的特点，选择适应社会与企业发展的价值取向，才能够形成全体成员共同认可的企业文化价值观。

二、企业核心价值观的标准

真正的企业核心价值观必须符合如下标准：

（1）它必须是企业核心团队或者是企业家本人发自内心的肺腑之言，是企业家在企业经营过程中身体力行并坚守的理念，如有些企业的核心价值观中有"诚信"的字眼，但在实际经营过程中并没有体现出诚信的行为，那么它就不是这家企业的核心价值观。从这个角度来说，核心价值观不能够去追求时尚。优秀企业的核心价值观不一定就是其他企业的核心价值观，如创新、以人为本或追求卓越等，它可以是价值观体系的一部分，但并不一定是"核心"价值观。

（2）核心价值观必须是真正影响企业运作的、经得起时间考验的精神准则，因此，它一旦确定下来就不会轻易改变。

（3）所谓核心，就是指最重要的关键理念，数量不会太多，通常是五到六条。

三、企业核心价值观的重要性

企业的价值观为企业员工提供了思考问题的方向和行为价值的标准，其内容有些随时间变化而改变，有些不随时间变化而改变，是一种持续标准。正因如此，企业的价值观有时间性，或者说层次性。那些不同时期有不同要求的价值标准为低层次价值观；那些不随时间变化而变化的持续性要求的价值标准，是高层次价值观，称之为核心价值观。企业核心价值观是企业价值观体系的高度概括和总结，是企业最重要的、长期不变的指导原则，是员工共同的心理趋势、价值取向和主导意识。因此，企业核心价值观可定义为企业价值观体系中长期指导员工心理意识和行为取向的共同价值标准和共同价值观念。提炼企业核心价值观需要对企业以往的发展经验进行总结和概括，需要把握核心价值观的三个特点：一是核心价值观不受环境变化、竞争要求或管理措施的影响；二是核心价值观不宜太多；三是核心价值观的效力和作用取决于组织成员对它的接受和内化的程度。

1. 核心价值观是企业文化的基石

企业有没有核心价值观，是可以衡量一个企业有没有文化，或者说企业文化有没有凝聚力的一个基本标准。核心价值观是营造企业文化的精神指导和价值标准，它确定了企业的发展方向。企业的制度文化、物质文化和行为文化建设都是以企业核心价值观为指导的。

2. 核心价值观为企业员工提供强大的精神动力

企业核心价值观是长期指导员工心理意识和行为取向的共同价值标准

和共同价值观念。它既为企业职工行为提供价值判断标准，也为企业职工行为提供精神动力支持。在市场经济条件下，人们的行为需要用物化的价值标准来体现，但不能将其作为根本标准或主导标准，"你给多少钱，我为你办多少事"的物化价值衡量标准已经对企业管理产生了负面影响，若不扭转这种价值衡量标准的发展态势，必将给企业管理带来更加严重的后果。因此，企业管理一定要确立精神价值衡量标准，为企业职工提供精神动力。这就需要培育企业核心价值观。企业核心价值观是企业长期稳定发展必不可少的精神价值衡量标准，是企业员工精神动力的源泉。

3. 核心价值观具有约束力

对企业来说，任何一个企业的生存和发展都离不开同外界的联系，都要有选择、有重点地接受外界传递的信息。企业核心价值观决定了企业对外界信息的取舍，因为企业核心价值观决定了企业的基本特征，并根据这些基本特征的需要，把重要的信息反映到组织机构的设置上。这种决定和反映就是一种取舍，也是一种约束，即约束企业按一定的经营理念去发展。对个人来说，企业核心价值观是员工的行为准则，是进行价值观评价和价值选择的标准或尺度。企业正是通过核心价值观来告诉员工什么是对的，什么是错的；什么是企业提倡的，什么是反对的，由此来规范和约束企业职工的行为。

四、企业核心价值观的落实

1. 做好核心价值观的提炼，确保其是企业真正需要的、共同的核心价值观

公司的核心价值观要体现公司主要领导的经营哲学与理念，但是如果只体现出公司主要领导的经营哲学与理念，是不妥当的，而这又是在企业核心价值观的提炼过程中经常会出现的现象。核心价值观是指导企业所有员工共同行为的、永恒的准则，它应该体现企业员工共同的思想，而不仅仅是老板或者高层管理人员的个人意志，这是其一。还有另外一种情况，就是企业核心价值观的提炼，只是一味地模仿、抄袭行业标杆（或者国内外的著名企业），没有从自己企业的特殊个性、所面对的特殊环境出发，真正挖掘出自身历经多年的发展所沉淀下来的价值观。比如，某环保企业在参照国内某著名通信设备供应商的企业价值观的基础上，制订了自己的核心价值观。该公司根本没有考虑到自身企业的员工、产品、客户的特点，只是模仿，没有任何个性，更不符合自身企业的特点。

这样的核心价值观，根本不能有效地激励员工。"上下同欲者胜"，在进行核心价值观的提炼时，首先就要解决"同"这个问题。这里的"同"是指企业的核心价值观应体现企业全体员工理念的一致性和与企业特性的匹配性。

2. 做好核心价值观的传播，让核心价值观所倡导的理念无所不在

在提炼好核心价值观的基础之上，企业就要大张旗鼓地对其进行宣传，不要让它躺在文件柜里面，要利用各种有形的文字宣传、新员工的文化培训、专门组织的主题交流活动、典型示范等多种途径进行宣讲，让员工对核心价值所倡导的理念耳熟能详，感觉无处不在。

3. 通过制度建设来保障核心价值观的落实

制度是企业所有员工都必须遵守的共同的行为准则。制度规范的内容主要有两类：一类是通过制度来进行惩罚，目的就是使得制度所表述的内容不发生，我们可以理解为惩罚型制度。另一类是通过制度来进行奖励，目的就是促使制度所表述的行为多发生，我们可以理解为奖励型制度。企业可以将企业核心价值观里面所鼓励的行为通过制度建设来进行保障，一旦有这样的行为出现，马上通过制度进行奖励，鼓励这样的行为。对于那些不希望出现的行为，企业可以通过惩罚型制度进行打击，以减少这样的行为的出现，保障企业核心价值观的权威性。通过这样的一"扬"一"抑"来落实、发扬企业的核心价值观。

4. 通过企业的管理者，特别是高层管理者的身体力行来倡导核心价值观

由于企业管理层，特别是高管层是企业核心价值观的主要提炼者，所以，他们的倡导和示范将直接决定企业所倡导的核心价值观能否得到顺利落实。但在现实中，他们往往也是企业核心价值观不能有效落地的实施者。他们可能会通过自身的随意行为，干扰甚至破坏企业的核心价值观，使得企业核心价值观仅作为印刷品挂在墙上，不能落实到员工的行为中，这一现象在企业高层领导人发生更替的时候尤其明显。现今，中国有太多的企业家在核心价值观的建设上陷入了一个非常糟糕的误区：他们只重视做表面文章，忽视了核心价值观的倡导。所谓"己所不欲，勿施于人"，企业核心价值观的提倡者，特别是高层管理者都不能带头遵守，普通员工又怎能落实到日常工作中呢？

五、企业核心价值观的内容

企业核心价值观的内容因企业发展状况、目标的不同而有所差别。以下列举一些较普泛的核心价值观的内容，并作一定的分析。

1. 人本

"以人为本"是我们做好一切事情的出发点和归宿。人本的内涵体现在人文精神上，促进人与组织共同成长；人本的内涵表现在人性思考上，尊重员工、满足员工需求，人性在整个管理过程中处于突出的地位。人本思想采取的方式：一是关心员工生活、交流情感，关注人的各种需要，尊重人的主体意识的方式；二是人本管理，就其职能而言就是科学地运用各种激励的手段，激发人的动机，引导人的行为，发挥人的内在潜力，保证企业生产经营一直处于最佳状态。人本注重人的价值，注重"内协外争"效应，注重人的精神因素和物质因素并举，因而代表着企业发展的未来和方向。

2. 责任

员工的责任来自对企业的忠诚，意味着我们必须恪尽勤勉、献身事业，积极履行对国家和社会的承诺。责任需要必要的牺牲和奉献，意味着舍弃个人或局部的利益来成就团队的利益。我们必须清楚地认识到自身承担的社会责任，为国家经济建设贡献力量，保护环境、节约资源，支持社会公益事业，使企业发展融入社会的发展与进步中。

3. 和谐

和谐是指加强沟通与协作，追求员工、企业、社会发展的和谐统一。和谐意味着企业与社会的和谐、整体与个体的和谐。和谐发展要求我们以人为本，充分认识维护企业和社会稳定的重要性。我们应当处理好整体利益与局部利益、短期利益与长远利益的关系；重视协调发展过程中各方利益关系，协调产业布局与发展速度，实现整体的持续发展。

4. 进取

进取是企业发展的推动力，是新事物战胜旧事物、不断战胜困难的过程。进取是一种动力，是一种永不服输、不甘人后的赶超精神，是一种敢于破解难题、克服困难的勇气。

六、企业核心价值观的评估

企业核心价值观在整个企业文化体系中居于核心地位，是企业文化能否对企业经营发挥正面作用的关键。企业核心价值观的确立与落实与否也是企业文化塑造的核心内容，关系到企业文化建设的成败。

企业在确立和落实自己的核心价值观之前，要对即将确立的企业核心价值观有充分的认识。

1. 企业核心价值观是否为企业真正的价值观

企业在确立核心价值观之前，应该反问：那是不是企业真正的价值观？企业是不是已经有了去贯彻落实这个价值观的思路和决心？例如，某企业将确立"以人为本"的价值观，那么，该企业首先就要考虑，企业是不是确实出于对员工的尊重？企业准备通过哪些方式来落实这个价值观？

2. 企业核心价值观是否符合企业大环境的需要

多数企业在这一点上已经有了共识。这里的大环境是指企业面对的市场、地区、顾客、员工等一切对企业可以产生影响的因素。企业在确立自己的核心价值观之前，应该考虑到自己的价值观能否满足社会及顾客、员工的需要，与社会价值观、政治观念、道德观念是否协调，与行业环境、区域环境及人文环境能否共生。企业价值观不仅不能和企业环境冲突，而且还应该对企业各项环境产生积极的、正面的影响。

有些企业家会这样认为：企业要有自己的个性，要去改变环境。我们在这里纠正一下，正如生物相对于生态环境要遵循适者生存的自然法则一样，企业只有先适应环境，然后才能去影响环境。因为只有在现有环境中生存下来，才有改变环境的可能，毕竟环境里多了一个渴求改变的元素。

3. 企业核心价值观是否有自己的特色

塑造企业的核心价值观是一项内容浩繁的系统工程，它对内涉及公司的经营领域、公司管理的成功经验和优良传统、公司领导班子的个人修养和精神风范、员工的素质及需求特点；对外涉及公司发展面临的主要矛盾和障碍、公司所处地区的经济和人文环境等。核心价值观不是设计出来的蓝图，而是已经沉淀在组织中的一些约定俗成的行为规范和价值导向。不考虑企业事实，不结合企业实际的设计是无法表达真正的核心价值观的。完成一本包装精美、辞藻华丽的核心价值观手册，不代表企业就完成了核心价值观的建设。核心价值观的策划或设计，首先是对企业现有文化的提炼和总结，然后才能结合企业未来发展战略，融合未来的价值导向。

一、企业文化理念设计的个性化特征

1. 个性化特征的源泉

企业文化理念是企业从特有的生产经营实践中概括出来的，其发展最根本的问题是企业文化的个性化。企业之间存在着诸多差别，管理手段、经营思想、核心价值观、员工素质等均有差异，即使是同一个企业，其每个阶段的经营目标也不一样。这些企业自身客观存在的差异，便是提炼企业文化理念时必须考虑的个性化特征因素。从一定意义上说，企业文化理念的个性化特征来源于对企业个性化特点的提炼和概括。

2. 个性化特征的形成条件

企业是社会的重要一员，企业文化理念不仅直接影响到社会的进步，而且还通过它所培养出来的员工对社会产生间接影响。企业文化理念也要有企业的个性化特征，但是，我们所讲的个性化特征是有条件的，必须体现个性和共性的统一。

第一，企业必须具备社会主义市场经济条件下的企业的一般特征，也就是通常所说的要反映时代的发展趋势，顺应社会进步的潮流，并且遵纪守法、按章纳税，按照社会需求组织生产等。

第二，企业要体现行业特点，让人一看就知道是从事什么产品的生产或经营的，或者是什么性质的企业。

第三，企业要有自己的个性，这种个性应该表现为同一行业中甲企业与乙企业之间名称之外的区别。

第四，企业的文化理念能对该文化的生存发展产生积极的指导作用，对社会的文明进步起促进作用。

企业文化理念的个性化特征的形成是一个渐进的过程,其个性的形成必须是建立在对共性深刻认识的基础上逐步发展形成。

企业文化理念的优劣,不仅在于其是否具有个性化特征,更在于其是否便于实行。社会公众的评价和认同也很重要。每一个企业都希望在社会上有一个好的口碑,其决定性因素就在于其理念是否符合公众对它的期待,以及企业是否真心实意去落实。

3. 个性化特征的特性

企业文化理念的形成过程呈阶段性和渐进性的特点。一个完善的企业文化理念的形成往往要经过几代人的努力,必须经历一个不断接受实践检验、完善、提高的过程。企业精神是对员工中存在的现代生产意识、竞争意识、文明意识、道德意识以及企业理想、目标、思想面貌的提炼和概括,这种个性化特征一经确立,在其反映的内容和表达的形式上都具有一定的稳定性。但是,这种稳定性并不意味着它就是一成不变的,不断变化着的形势又不可能允许一个企业以一个固定的标准为目标。竞争的激化、时空的变迁、技术的飞跃、观念的更新、企业的重组,都会迫使企业做出与之相应的反应,并随着企业的发展变化而不断完善,这便是它的动态性。因此,企业文化理念的稳定是有条件的、相对的、暂时的,它的变化是绝对的、永恒的,是稳定性和动态性的统一,是相对性和绝对性的统一。从根本上说,这种发展和变化主要表现在个性化特征的变化方面。也正是由于这种稳定性与动态性的统一、相对性与绝对性的统一,促使企业精神不断趋于完善。

二、企业文化理念层的设计

企业文化理念层的设计是指按照有关的程序总结、提炼或确定理念层的各个要素并表达出来,使之构成一个完整的理念体系。企业文化理念层的设计既是企业文化建设的首要任务,又是重点和关键。

1. 企业文化理念层的设计原则

第一,实践性原则。企业文化的理念层要素不是企业的领导者脑海中凭空臆造出来的,而是企业在借鉴外部先进理念的基础上对长期经营管理实践的经验总结和理论概括,是对具体实践的升华和超越。

第二,个性原则。企业自身的特殊性决定了企业在群体价值观经营管理方针下思考和处理问题的方式方法。对团体风气等方面的特殊性进行总结、提炼，必然能够形成企业文化理念的个性特色。

第三，持久性原则。企业文化理念层是企业经营管理的航标，应该能够在今后相当长的时间内具有生命活力，而不是昙花一现。企业文化要有持久的生命力，其理念层设计必须站在历史和时代的高度，充分吸收当今一切最先进的社会思想文化观念，而且要能够把握社会前进的脉搏，预见企业未来的发展趋势。

2. 企业文化理念层的设计内容

设计内容具体包括企业精神、企业价值观、企业愿景、企业使命、企业哲学、企业风气、企业道德、企业宗旨、企业理念的表达技巧等。

（1）企业精神

企业精神是指企业有意识地提倡、培养员工群体的优良精神风貌，是对企业当前的观念意识、传统习惯、行为方式中的积极因素进行总结、提炼及倡导的结果，是通过全体员工有意识地实践体现出来的。

① 指导思想：首先要尊重广大员工在实践中迸发出来的积极的精神状态，要恪守企业共同价值观和最高目标，不背离企业哲学的主要原则，要体现时代精神，体现现代化大生产对员工精神面貌的总体要求。

② 设计方法：员工调查法、典型分析法、领导决定法、专家咨询法。

（2）企业价值观

企业价值观即企业的基本信仰，是企业员工的共同价值观，又称为企业群体价值观。由于企业生产经营的多目标性，一个企业的群体价值观往往包括不同层次、不同方面的很多内容。其中，起主导作用的是企业的主导价值观念，在主导价值观中还有一些深层次的、起决定性作用的价值观，这就是核心价值观。核心价值观对企业的决策和行为有着决定性的影响。

① 影响企业价值观的因素：

第一，员工的个人价值观，全体或多数员工的个人价值观会影响企业的价值取舍，左右企业的追求。

第二，从某种程度上说，企业价值观就是企业家价值观，特别是企业决策层价值观的群体化。

第三，社会价值观。

② 企业价值观的设计原则：

第一，与企业最高目标相协调。

第二，与社会主导价值观相适应。

第三，充分反映企业家价值观。

第四，与员工的个人价值观相结合。

③ 企业价值观的设计步骤：

第一，在分析社会主导价值观的基础上，根据企业的最高目标，初步提出企业核心价值观的表述，并在企业决策层、管理层和员工代表中进行反复讨论。

第二，确定企业的核心价值观之后，进一步提出企业的主导价值观和价值观体系。

第三，对企业价值观体系与企业文化各个层次的其他要素进行协调，并作文字上的提炼，形成全面准确的企业价值观表述。

第四，在员工中广泛宣讲和征求意见，反复修改，直到绝大多数员工理解并支持。

④ 企业价值观的更新与再设计：

更新的前提和时机：当企业的最高目标发生重大变革的时候；企业所处环境（包括政治、经济、文化、技术环境等）发生重大变革的时候；企业的主要业务领域、服务对象、管理模式等发生重大改变的时候。

更新的方法：首先，要对企业内外环境进行分析，找到原有的价值观与企业新的最高目标、社会环境以及企业运行等不相适应的地方；其次，在保留企业价值观表述中仍适应新情况的部分的基础上，按照前述价值观设计的步骤进行增补；最后，将新的企业价值观表述与原有表述进行对照，并向员工宣讲和征求意见，最终确定。

（3）企业愿景

企业愿景是企业未来的目标、存在的意义，它回答的是企业为什么要存在，对社会有何贡献，企业未来的发展图景等根本性的问题。

企业愿景的设定包括以下两个方面：

第一，确认企业目的。企业目的就是企业存在的理由，即企业为什么要存在。一般来说，有什么样的企业目的，就有什么样的企业理念。正确的企业目的会产生良好的理念识别，并引导企业的成功；错误的企业目的会产生不良的理念识别，并最终导致企业的失败。

第二，明确企业使命。企业使命和企业宗旨是同义语，是企业在经营理念指导下，为其生产经营活动的方向、性质、责任所下的定义。它是企业经营哲学的具体化，集中反映了企业的任务和目标，表达了企业的社会态度和行为准则。现代企业的最高使命是在经济发展、社会进步中承担的责任。

（4）企业使命

企业使命是企业对生存和发展总方向所作出的定性的选择，是对企业性质、经营目的、任务和在经济发展、社会进步中所承担的责任等方面所作出的规定。企业使命设计得当，企业将收获精准的市场定位、树立良好的社会形象。

可从以下五个方面思考和设计企业使命：

第一，企业性质，即企业在哪个领域从事经营活动，也就是企业对自身的行业定位和市场定位所进行的选择。

第二，企业成长方向，即企业实现持续成长的方向。

第三，企业经营目的。企业要恰当处理和安排好长期生存、持续发展、获得盈利这三个经营目的的关系。例如，有些企业为了短期盈利放弃了目前看起来盈利不显著但长期获利颇丰的产品和技术的投入，这就严重影响了企业的长期生存和持续发展。

第四，企业经营方针，即贯彻企业经营思想和实现战略目标所确定的企业生产经营活动中应遵循的基本原则、指导规范和行动方略。企业应该根据企业现有经营优劣势分析经营方针是否准确可行。例如，产品质量和技术占优势的企业可以提出"以质取胜"的经营方针。

第五，社会责任。企业向客户提供产品和服务是企业应该对社会承担的首要责任，除此之外，企业还应该考虑社会利益、承担社会义务、履行社会责任，例如，保护消费者权益、保护生态环境、治理"三废"、低碳环保等。

世界经济全球化、一体化进程的加快以及随之而来的国际竞争的加剧，对企业战略的要求越来越高。企业使命是企业战略的一个组成部分，企业要提高核心竞争力，还应该根据环境的变化、自身的资源和实力选择适合的经营领域和产品，争取通过差异化在竞争中取胜。

（5）企业哲学

企业哲学即企业经营哲学、经营原则，它指企业领导者为实现企业目标而在整个生产经营管理活动中的基本信念，是企业领导者对企业长远发展目标、生产经营方针、发展战略和策略的哲学思考。企业哲学是处理企业生产经营过程中一切问题的基本指导思想和依据。

企业哲学是由企业所处的社会制度及周围环境等客观因素决定的，同时也受企业领导者的思想方法、政策水平、科学素质、实践经验、工作作风以及性格等主观因素的影响。企业哲学又是从经营实践中抽象出来的、关于企业一切活动本质和基本规律的学说，是企业经营管理经验和理论的高度总结与概括，是企业家对企业经营管理的哲学思考。

① 企业哲学的作用：

企业哲学并不具体规定企业的每项工作，而是作为工作的最高原则和基本规律被员工认识和接受后，转化为他们自己的思想武器和行动指南，成为他们思考问题、采取措施、开展工作时自觉遵循的原则和规律。一个企业有无明确统一、内涵深刻的企业哲学，企业员工是不是正确理解和接受企业哲学，会在很大程度上影响其经营状况。

② 企业哲学的来源：

企业哲学最根本的来源是企业领导和广大员工的工作和生活实践，由于企业哲学的特殊性，其具体的、现实的、直接的来源主要有以下五个方面：

第一，企业家自身的哲学思维，特别是其世界观、人生观、价值观。

第二，企业英雄模范人物和优秀群体的世界观、人生观、价值观。

第三，多数员工的哲学思维和他们的世界观、人生观、价值观。

第四，社会公众的世界观、人生观、价值观以及其他企业的经营哲学。

第五，中国古代哲学思想、马克思主义哲学、西方现代哲学思想是企业哲学的重要来源。

（6）企业风气

企业风气指企业及其员工在生产经营活动中逐步形成的一种带有普遍性的、重复出现且相对稳定的心理与行为状态，是影响整个企业生活的重要因素。

企业风气是企业文化的直观表现，企业文化是企业风气的本质内涵。企业风气一般包含两层含义：一是指许多与企业共有的良好风气，如团结友爱之风、开拓进取之风等；二是指一个企业区别于其他企业的独特风气，即在一个企业的诸多风气中最具特色、最突出和最典型的某些作风，它体现在企业活动的方方面面，形成全体员工特有的活动方式，构成该企业的个性特点。

企业风气的核心成分是其在企业经营管理工作中的体现，即企业作风，因此，设计良好的企业作风是形成健康企业风气、塑造良好企业形象的需要。

一般来说，企业风气设计分为以下三个步骤：

第一，对企业风气现状作全面、深入的考察，重点是要认识企业现有的主要风气。

第二，对企业现实风气进行认真区分。哪些现象是个别现象，哪些现象有可能形成风气，哪些现象已经形成了风气；哪些风气是企业要提倡的优良风气，哪些是企业要反对的不良风气，并分析这些现象、风气形成的原因。对于其中的不良风气，企业应针锋相对地提倡良好风气来加以克制，这是设计企业作风的关键。

第三，考察社会风气和其他企业的作风，挖掘出本企业应该具有却尚未形成的良好风气和作风，并结合前面两步，制订出本企业的企业作风表述。

（7）企业道德

企业道德指企业内部调整人与人、单位与单位、个人与集体、个人与社会、企业与社会之间关系的行为准则。就其内容结构来看，企业道德主要包括调节职工与职工、职工与企业、企业与社会三方面关系的行为准则和规范，它是社会道德理念在企业中的具体反映。企业道德所调节的关系具有复杂性，其理念不是单一的观念与要求，而是由一组道德观念因素组成的道德规范体系，具有多方面、多层次的特点。

① 设计原则：

第一，体现中华民族的优秀传统道德。

第二，符合社会公德及家庭美德。

第三，突出本行业的职业道德特点。

② 设计步骤：

第一，确定企业的行业性质、事业范围，了解本行业组织或其他企业制定的有关职业道德要求，这是设计符合企业特点的道德体系的必要前提。

第二，考察企业的每一个具体工作岗位，分析其工作性质及职责要求，在此基础上分别提出各类岗位最主要的道德规范要求。

第三，汇总岗位道德规范，选择出现频率最高的几条作为初步方案。

第四，根据已经制定的企业目标、企业哲学、企业宗旨、企业精神，检查初步方案与已有理念是否符合、有无重复，不符合的要改正，重复则可去掉。

第五，在管理层和员工代表中征求意见，看看是否最能反映企业事业发展对员工道德的要求，并反复推敲确定。

（8）企业宗旨

企业宗旨（或经营宗旨）指企业存在的价值及其作为经济单位对社会的承诺。对内，企业要保证自身的生存和发展，使员工得到基本生活保障并不断改善他们的生活福利待遇，帮助员工实现人生价值。对外，企业要生产出合格的产品，提供优质的服务，满足消费者的需要，从而为社会物质文明和精神文明的进步做出贡献。

① 企业宗旨的内涵：

企业宗旨是企业在企业哲学指导下为实现最高目标而制订的企业方针和政策，是最高目标和企业哲学在企业社会义务方面的具体反映。它既是企业价值观的反映和最高目标的体现，又是企业运用企业哲学来指导企业行为的结果；既是企业对履行自身社会责任的决心和信心，又是企业一段时期内在某方面的经营方针。企业宗旨是企业理念的一个组成要素。对内，它是为履行企业的社会职责而对全体员工发出的总动员，是引导和规范企业及员工行为的强大思想武器；对外，它是企业向社会发出的宣言，是引导消费者社会公众的一面鲜艳旗帜。

② 企业宗旨的制定：

企业宗旨一般要阐明企业的增值活动、产品或产业、客户或市场、企业的贡献。突出行业特点和本企业特点，是制订企业宗旨时要特别注意的。

③ 企业宗旨的更新：

企业宗旨是企业从内外环境出发对企业存在使命的阐述，而当内外环境发生变化，特别是当企业自身的事业发生重大改变时，企业宗旨也应随之修改或更新。

（9）企业理念

① 企业理念口号化。口号的要求是内容精练、中心突出，便于阅读、记忆和传播；常采用祈使句、感叹句等句式，有较强的感染力和号召力；能充分体现社会发展与时代精神。企业理念口号设计有三种情况：一是把企业目标、企业哲学、企业宗旨、企业精神、企业道德、企业作风等要素设计成符合口号特点的语句；二是将企业对员工的要求用口号表现出来；三是将需要员工或公众了解的企业观念用口号形式表达出来。第三种口号由于是对企业理念识别的重要补充，因而往往升格成为企业理念的一个独立组成部分。

② 企业理念人格化。企业模范人物的事迹能使企业理念形象化并且赋予其一种人格化的力量。

③ 企业理念艺术化。企业将企业理念要素用音乐、美术等艺术手法表现出来，借助艺术的美来传播和推动企业理念。

1. 什么是企业文化理念？其核心内容是什么？
2. 企业的核心价值观通常是如何产生的？其标准如何界定？
3. 企业精神设计的主要方法是什么？
4. 企业的文化理念如何落实？
5. 如何评估企业的核心价值观念？
6. 在进行企业文化设计时，企业理念的表达技巧是什么？

案例分析

潜心打造公交文化　真诚创造优质服务

常州市公共交通集团公司（以下简称"常州公交"）始建于 1960 年 5 月，至今已走过了半个多世纪的历程。50 多年来，常州公交潜心打造企业文化，在城市公共交通行业中，始终坚持"爱乘客、爱公交、爱社会"的企业精神，秉承"真情服务乘客，真诚奉献社会"的企业宗旨，乐于奉献、勇担责任、做优服务。多年来，常州公交获得了"常州市企业社会责任奖""江苏省和谐劳动关系模范企业""中国城市公交科技创新优秀企业"等荣誉。

企业经营的过程，是一个创造价值的过程。公交公司作为一种开放型的社会服务企业，决定了它的经营必将是以乘客为中心，为城市人民生活和城市社会经济发展服务；必将是以社会效益为根本，并把提高社会效益作为提高经济效益的前提条件。公交公司经营的好坏，不仅关系到企业的形象，关系到政府的形象，还关系到社会的和谐与稳定。一直以来，"一切为了乘客满意"是常州公交人永远奉行的服务理念。因此，打造乘客满意公交，营造社会和谐氛围，是常州公交价值创造的最高境界。

　　近年来，市民对公交出行服务的多元化、品质化和均等化需求越来越强烈，对建立多种交通方式无缝对接的综合交通运输体系的要求也越来越迫切，常州公交为了更好地服务乘客，主动转型升级。

　　一、公交新型转型，实现五项新智能

　　为了提高服务质量与水平，常州公交积极投入智能化开发与应用。通过公交热线、门户网站自主查询、电子站牌、触摸查询机、场站发车屏等建设，以及手机客户端开发应用，深化服务，提供更安全、更快捷、更人性化的智慧服务；通过 GPS 车载定位、DVR 视频录像系统、IC 刷卡机、3G 无线等技术实现车辆实时定位、超速报警、IC 卡数据无线传输、车辆进出场站管理为乘客服务，为智能管理提供基础；通过场站视频系统、触摸查询系统、WiFi 无线、客流统计系统、RFID 摄频技术、二维码技术、乘客导乘系统等实现站台系统的智能化和车辆进出

场、定位、巡更的智能化管理；通过 OA 系统规范管理流程，通过 ERP 系统提升企业管理效率，通过智能调度系统提高现场管理水平，通过 GIS 提高线网规划，通过分析系统提供决策支持，实现公交智能管理；通过公交调度指挥中心的建设，形成公交信息管理、监控管理、应急响应、乘客服务四个中心，打造智能信息系统平台。

二、人性化的快速公交系统（Bus Rapid Transit，简称 BRT）

一是票价优惠。BRT 售票系统与现有常规公交相同，各种 IC 卡在 BRT 线上都可使用。乘坐 BRT 线，和常规公交车完全同价，即投币一元，刷卡六折，学生卡三折，老年卡二折，其他免费群体同样享受优惠。BRT 实行同站换乘免费，即在 BRT 站台内，换乘不同的线路不再收取费用，乘客可以更方便地进行换乘，得到更多实惠。

二是人本设计。BRT 车辆采用低地板（车门踏板距地面≤370mm）、大容量（核定载客可达近 180 人）车辆，设有四个宽通道双内摆车门，大大方便了乘客上下车。车辆与站台均设置了残疾人通道。BRT 车辆上设有轮椅专位、靠垫、婴儿专用座位。两个首末站的设置，分别与新北、武进长途客运站相邻。首末站内除 BRT 线外，均设置了多条常规公交线路。首末站不仅是快速公交的首末站，更是公交线网中的枢纽站，极大地方便了乘客在长途车和公交间的换乘。

三是绿色环保。常州 BRT 工程是发展绿色交通，提升常州城市形象的工程。在 BRT 车辆选择上，快速公交系统所需车辆均采用新型环保车辆，采用欧四排放标准。新型车辆耗能低、排放低；路段的专有路权避免了拥堵时的反复加、减速和停车，有效减少了车辆的废气排放。BRT 的修建对常州实现"文化旅游名城""生态城市"的城市发展目标有着重要的意义。

常州公交一直坚持着"爱乘客、爱公交、爱社会"的企业精神。爱乘客，就是像对待亲人一样对待乘客，通过优质服务，让乘客感受到"零距离"的亲情化服务；爱公交，就是要把企业当作自己的"家"，它是公交人奋斗拼搏的依靠，这个"家"的兴衰成败，与每个员工息息相关；爱社会，就是要积极承担社会责任，坚持把社会效益放在首位，服务社会，奉献社会，促进城市发展。多年来，发生在公交车上的感人事迹屡见不鲜。

1. 风雨兼程苦相随，一路奉献终不悔

巴士公司 203 车队 7 路线上的是淑英，是一名普通的公交车驾驶员。

在从业的 20 年期间，她怀着对公交事业的执着热爱，在平凡的工作岗位上兢兢业业、任劳任怨、无私奉献，做出了不平凡的业绩，充分发挥了一名共产党员的先锋模范作用。她牢固树立"安全第一"的思想，不断追求"乘客满意"的目标，做到了安全行车无事故、无违章、无投诉，成为线路上安全行车的标兵、遵章守纪的典范和优秀服务的楷模。她对待同事真心实意、关怀备至，对待乘客和风细雨、热情周到，是职工的好榜样，乘客的贴心人。

2. 见义勇为不留名，"平民英雄"受人赞

赵阿全是 BRT 车队的一名普通安检员，平时工作兢兢业业、一丝不苟，在工作中尽量帮助每一名驾驶员解决车上的小故障、小问题，受到驾驶员们的一致好评，而更被职工传为佳话的则是赵阿全勇救落水老太的英雄事迹。2012 年 8 月 20 日的清晨，他沿新 312 国道运河边晨跑时，忽然听到有人喊"救命"，见河中有一老太太正在扑腾挣扎。赵阿全连忙在路边找了根废编织袋绳系在一根木棒上，随即扔到河里，欲叫落水老太太双手拉住绳子，自己将其拉到河堤旁边。但是河堤太陡峭，老太太上不来，他二话没说就一头扎进河中将落水老太太救上岸。随后，他的见义勇为的事迹传开了，《常州日报》《常州晚报》以及常州当地各大网络论坛先后对其英雄事迹作了报道。

在常州公交，这样的事例还有很多。有的虽然很平凡，却让人无法忘记，几十年如一日的坚持，令人赞叹；有的很高尚，受到了社会各界的高度关注和称赞。

常州公交一直秉持"坚持真情服务乘客，真诚奉献社会"的原则，在社会这个大舞台展示自身的形象，表明自己不断追求优质服务、实现让乘客满意的坚定信念，显现出常州公交无限美好的前景和发展潜力。如今，常州公交已成为常州这一现代化城市的一道亮丽的风景线，成为"和谐常州"的一张"名片"。

案例思考题

1. 常州公交的企业精神是什么？有何事例可以体现？
2. 常州公交人性化的快速公交系统（BRT）体现在哪些方面？
3. 常州公交的企业文化给了你怎样的启发？

第三章

企业文化制度

企业文化行为层

一、企业文化制度层概述

1. 企业文化制度层含义

企业文化制度层又叫企业制度文化。在企业中，企业制度文化是人与物、人与企业运营制度的结合部分，它既是人的意识与观念形态的反映，又是由一定物的形式所构成的。同时，企业制度文化又是精神和物质的中介，即企业制度文化既是适应物质文化的固定形式，又是塑造精神文化的主要机制和载体。正是由于制度文化的这种中介的固定、传递功能，它对企业文化的建设才具有重要作用。

企业制度文化是企业为实现自身目标对员工的行为给予一定限制的文化，它具有共性和强有力的行为规范的要求。企业制度文化的规范性是一种来自员工自身以外的、带有强制性的约束力，它规范着企业的每一个人。企业工艺操作规程、厂规厂纪、经济责任制、考核奖惩制度都是企业制度文化的内容。

2. 企业文化与企业制度的关系

在企业文化建设过程中，人们对"文化与制度"的认识经常陷入一种误区，或把二者对立起来，或把二者混为一谈，从而分不清二者分别在企业管理中的地位与作用。实际上，企业文化与企业制度既紧密联系，又相互区别。

（1）制度是文化的载体之一。管理者认为某种文化需要倡导时，他可能通过培养典型人物的形式，也可能通过开展活动的形式来推广和传播，但要把倡导的新文化渗透到管理过程中，变成人们的自觉行动，制度则是最好的载体之一。当制度内涵未被员工心理认同时，制度只是管理者的"文化"，至多只能够反映管理规律和管理规范，对员工只是外在的约束；当制度内涵被员工心理接受并自觉遵守时，制度就变成了一种文化。例如，企业要鼓励员工提合理化建议，先订立一项制度，时间长了，员工心理接受了这一制度内涵，制度则变成了"空壳"，留下的是参与企业文化。

（2）制度与文化是互动的。人们普遍认同一种新文化可能需要较长时间，而把文化"装进"制度，则会加速这种认同过程。当企业中的先进文化或管理者倡导的新文化已经超越制度内涵，这种文化就在催生着新的制度的形成。

（3）制度与文化的表现形态不同。前者是有形的，往往以责任制、规章、条例、标准、纪律、指标等形式表现出来；后者是无形的，存在于人的头脑中，是一种精神状态，往往通过有形的事物、活动反映和折射出来。前者是以绩效和严格为导向的"硬性文化"；后者是以亲情和对话为导向的"软性文化"。但是，这二者却是一体两面的，有形的制度中渗透着文化，无形的文化通过有形的制度载体得以表现。

（4）制度与文化的演进方式不同。虽然文化的演进是"渐进式"的，制度的演进是"跳跃式"的，但二者同处于一个过程之中。先从制度发展到文化，再建立新制度、倡导新文化，二者交互上升。

（5）制度与文化永远是并存的。制度再周延也不可能凡事都规定到，而文化时刻都能对人们的行为起约束作用。制度永远不可能代替文化，同样，也不能认为文化管理可以替代制度管理。由于人的价值取向和对组织目标认同具有差异性，要想使个体与群体之间达成协调一致，光靠文化管理是不行的。实际上，在大生产条件下，如果没有制度，即使人的价值取向和对组织的目标有高度的统一，也不可能达成行动的协调一致。

二、企业文化制度的内容

企业的制度文化主要包括领导体制、组织机构和管理制度三个方面。

企业领导体制的产生、发展、变化，是企业生产发展的必然结果，也是文化进步的产物。企业组织结构是企业文化的载体，包括正式组织结构和非正式组织结构。企业管理制度是企业在进行生产经营管理时所制定的、起规范保证作用的各项规定或条例。

上述三者，构成企业的制度文化。

1. 企业领导体制

企业领导体制是企业领导方式、领导结构、领导制度的总称，其中主要的是领导制度。企业的领导制度受生产力和文化的双重制约，随着生产力水平的提高和文化的进步，就会产生与之相适应的领导体制。不同历史时期的企业领导体制，反映着不同的企业文化。在企业制度文化中，领导体制影响着企业组织结构的设置，制约着企业管理的各个方面。所以，企业领导体制是企业制度文化的核心内容。卓越的企业家应当善于建立统一、协调、通常的企业制度文化，特别是统一、协调、通常的企业领导体制。

2. 企业组织机构

企业组织机构是指企业为了有效实现企业目标而筹划建立的企业内部各组成部分及其关系。如果把企业视为一个生物有机体，那么组织机构就是这个有机体的"骨骼"。因此，组织机构是否适应企业生产经营管理的要求，对企业生存和发展有很大的影响。不同的企业文化有着不同的组织机构。影响企业组织机构的不仅是企业制度文化中的领导体制，而且企业文化中的企业环境、企业目标、企业生产技术及企业员工的思想文化素质等也是重要影响因素。企业组织机构形式的选择必须有利于企业目标的实现。

在探讨企业组织机构的时候，我们应当意识到企业的组织文化对组织机构的影响，它并不是完全独立的，而是与深厚的民族文化传统有着千丝万缕的联系。在中国文化传统中，一般不从个体方面看问题，而是把所有事物都看成是一种有组织的结构。大到国家，小到个人，都有相应的管理网络和管理艺术。所谓"格物、致知、诚意、正心"，是修己，是自我管理；所谓"齐家、立业、治国平天下"，是家庭管理、企业管理、行政管理、教化管理。"修身"和"安人"是相互沟通的。

3. 企业管理制度

企业管理制度是企业为求得最大效益，在生产管理实践活动中制定的各种带有强制性义务，并能保障一定权利的各项规定或条例，包括企业的人事制度、生产管理制度、民主管理制度等一切规章制度。企业管理制度是实现企业目标的有力措施和手段。它作为职工行为规范的模式，能使职工个人的活动得以合理进行，同时又成为维护职工共同利益的一种强制手段。因此，企业各项管理制度是企业进行正常的生产经营管理所必需的，它是一种强有力的保证。优秀企业文化的管理制度必然是科学、完善、实用的管理方式的体现。

三、保持企业制度与企业文化理念的一致

1. 企业制度应与企业文化理念保持高度一致

企业在制度的制定和执行过程中存在着与企业文化理念相违背的情况。企业制度和控制系统的类型、控制的程度及由控制的结果而发生的变革，是衡量企业文化建设的重要指标，也是企业文化建设的重要过程。通过控制系统的工作，企业文化可以得到培育与提高。企业制度的健全化与规范化有助于企业通过制度倡导的精神、价值观和行为模式体现出来，借助制度来引导和约束员工的行为，使员工能够在制度的规范下，自觉地按照正确的价值观和行为准则来要求自己。

企业制度与企业文化理念的契合应从以下角度入手：

（1）企业明确提出将企业文化理念作为制定企业制度的指导思想，同时在制度执行的过程中，高度体现企业文化理念，将理念的精神落到实处。

（2）依据已经确认的企业文化理念和行为准则，检查企业现行制度中有没有与文化理念相违背的内容，强化与企业文化相融合的制度，修正或废弃与企业文化不相容的制度。

（3）以企业文化理念为基准，对企业制度进行经常性的检查，以适应变化和提升了的理念。通过组织和管理手段，防止刚性的制度对文化理念的侵蚀。

（4）通过企业控制体系，在企业文化建设过程中，控制企业文化发展的基本走向，及时纠正偏差，并对文化理念的更新和发展提出建设性建议。

（5）通过必要条件，将企业文化理念的贯彻执行制度化。

2. 保持企业制度与企业文化理念一致性的方法

（1）让员工了解他们在制度制定中的角色要求

员工希望通过企业的成功而达成个人的成功，因此，在大部分情况下，员工的利益与企业的利益是紧密联系的。企业帮助员工实现个人成功的方法，首先是要让员工了解他们在企业制度制定中的角色要求，并使他们努力达到甚至超过这些要求。

企业可以有多种方法让员工了解他们的角色要求：

① 正规的工作说明。正规的工作说明把每一项工作的参与程度做了说明，并要求对其逐一进行详细解释以保证工作的成功。

② 制定制度时，上下级面对面地会谈与沟通。管理者、监督者通过与员工面对面地会谈来了解他们的要求，向员工讲述他们在其中发挥的作用。

如果制度发生了基于文化理念的变化，而员工还是出于自身利益而固守原来的想法，那么，管理层需要做的就是让员工更加明确地认识到自己在文化变革和制度变革中的位置，并力求让他们心甘情愿地拥护新制度、扮演新角色。企业在实施文化变革时，对工作人员的要求也会随之改变。管理者必须以不同于往常的方式进行管理，还必须对新的行为进行评估和奖励。正因为不同的企业文化类型有不同的角色要求，所以企业员工必须要以不同于往常的行为行事。

（2）制度的方向定位

作为企业文化变革的一部分，新文化理念的制度将企业所有成员引向新的文化，员工们应该了解，企业为了创建一个有利的企业文化环境已经做了哪些工作，正在从事什么工作并期望员工做出什么贡献，在新的制度面前员工应该保持怎样的态度，等等。不管企业运用的是哪一种手段，目前的在职员工和将来加入的新员工都必须经过这一过程的教育。

制度方向定位的表现形式：

① 及时发布企业文化变革过程中产生的文件、企业制度变革实施阶段产生或加以改变的文件或政策等，对制度变迁过程中有关员工的角色变化提出新的要求。

② 对企业迄今已经实施的制度变革加以充分说明，让员工明白制度的变化是系统性的。

③ 鼓励员工就制度问题与企业的高层管理者进行直接接触。对于员工来说，能对"了解情况"的某个人直接提出问题、澄清概念，说明自己关注的情形，会大大有助于他们接受文化的变革。

（3）持续性的信息交流和发布

企业必须对文化变革所产生的制度变迁向企业员工充分通报，通报的内容可以包括：这一变革主要是为了提高职责能力，或是为了利用团队化所产生的协作，或是为了实现对重要而稀缺的技能的有效使用而实施的；实施的新政策或工作程序，是对原有政策和工作程序的改进，并从深度上加以说明。

（4）对文化理念带动的制度变迁的控制

企业文化带动制度变革过程中，肯定会不时地出现很多问题，因此，要建立一种发现变革中的问题和情况并对此加以解决的机制，这种机制是用以发现可能妨碍到进步或导致失败的警示系统，是员工向企业汇集信息的手段，是用以产生新观念和改善文化变革进程的工具。这种程序鼓励员工提出自己的想法、建议或问题，同时要求提出的问题一定要得到解决和落实。

第二节

企业风俗的形成

一、企业风俗的概况

1. 企业风俗的概念

企业风俗是指企业长期相沿、约定俗成的典礼、仪式、行为习惯、节日、活动等，如歌咏比赛、体育比赛、集体婚礼、厂庆等。企业风俗与一般制度、特殊制度不同，它不表现为确定的文字条目，也不需强制执行，它完全靠习惯、偏好的势力维持。它由精神层所主导，又反作用于精神层。企业风俗可自然形成，也可人为开发，一种活动、习俗一旦为全体员工所接受并沿袭下来，就成为一种企业风俗。

企业风俗又称企业习俗，是指企业员工在长期的共同劳动中形成的习惯做法。这种做法沿袭日久，是全体员工默认的、自觉遵守的规范，而不是强迫的、书面制度式的规定，是一种"软"约束。

2. 企业风俗的类型及其特点

由于分类标准的不同，我们可以将企业风俗划分为下列不同类型。

（1）按照载体和表现形式划分

可分为风俗习惯和风俗活动。企业风俗习惯是指企业长期坚持的、带有风俗性质的布置、器物或是约定俗成的做法。例如，有一些企业逢年过节就在工厂门口挂上灯笼（彩灯）、贴上标语或对联、摆放花坛。风俗活动则指带有风俗色彩的群众性活动，如一年一度的团拜会、歌咏比赛、运动会、春游等。

（2）按照是否企业特有划分

可分为一般风俗和特殊风俗。一些企业由于行业、地域等关系而具有相同或相近的企业风俗，这些相同或相近的企业风俗就是一般风俗，如厂庆、歌咏比赛就是许多企业共有的。特殊风俗是指企业独有的风俗，如20世纪80年代郑州亚细亚商场每天早晨在商场门前小广场举行的升旗仪式及各种表演，引起了不小的轰动。

（3）按照风俗对企业的影响划分

可以分为良好风俗、不良习俗和不相关风俗。良好风俗指有助于企业生产经营、员工素质提高以及人际和谐的企业风俗，前面提到的多数企业风俗都是良好风俗。不良习俗是指对企业或员工产生不好影响的企业风俗，如个别企业赌博盛行。不相关风俗对企业的生产经营和员工没有明显的好或不好的影响。

正确区分以上三种类型，对于设计企业风俗具有重要意义。

3. 企业风俗的性质

了解企业风俗的性质，对于认识企业风俗的内涵、正确区分企业风俗与其他行为识别系统要素（如企业制度）的异同、进行企业风俗的改造和设计具有很重要的意义。

（1）非强制性

一般来说，企业为维持正常的生产经营管理秩序而按组织程序制定的各种成文的规章制度都带有明显的强制性，每名员工都应无条件地遵守和执行，如果违反这些规章制度还会受到相应的处罚。而企业风俗则一般不带任何强制性的色彩，是对应于企业"官方"的规章制度不同的"民间规则"，是否遵守企业风俗主要取决于员工的个人兴趣和爱好，违反企业风俗也不会受到任何正式的处罚。企业风俗的形成和维持，完全依靠员工群体的习惯与偏好的势力。

（2）偶发性

企业风俗的形成，往往是由于很偶然的因素。例如，东北某企业每年都要举办冬泳比赛，全厂男女老少以及很多家属子女都参加，场面非常壮观。该企业举办冬泳比赛的起因则是多年前，工厂中有几位老病号尝试利用冬泳来健身祛病，坚持一段时间后果然见效，于是越来越多的职工参与进来。偶发性的特点体现在一些企业风俗由于历经很长时间，其真正的起因被渐渐淡忘了，因此，对于其形成并无特别的时间年限。

（3）可塑性

可塑性包括两层含义，一是指可以经过主观策划和设计企业活动并使之付诸实施，通过年复一年的运行逐渐演化成为企业风俗；二是指对已形成的企业风俗，可以按照企业的要求进行内容和程式的改造，使之向着企业期望的方向发展。可塑性是企业风俗的重要特性，正是由于这一特性使得企业可以主动地设计和形成某种良好的风俗，改造和消除不良的习俗。

（4）包容性

企业风俗对人的思想观念和言行的影响和作用，主要是通过人们的舆论来实现的。由于不同的人思想认识水平、思维习惯、观念固化程度都不同，这使得他们对待企业风俗的态度和程度存在一定的差别，从而决定了人们的舆论往往并无刚性的、明确的尺度，而是有一定"频带宽度"的舆论方向。因此，维持企业风俗的群体习惯和偏好势力的特点决定了企业风俗的包容性。

（5）程式性

企业风俗一般都有一些固定的规矩或惯例，如固定的程序、必不可少的仪式、器物的品种和样式、参与者的习惯着装等。这些固定的程式使得企业风俗形成一种特殊的环境心理定式，使参与者在其中受到感染，在心理上产生认同。

二、企业风俗的形成

1. 企业风俗的设计

无论何种表现形式，优良的企业风俗都应该具有一些共同的特点，具备这些共同之处是企业风俗目标模式的基本要求。

（1）体现企业文化的理念层内涵。企业文化理念层是制度行为层的灵魂，符合企业最高目标、企业精神、企业宗旨、企业作风、企业道德的企业风俗往往是由比较积极的思想观念意识作为"软"支撑，有助于培养员工积极向上的追求和健康高雅的情趣。例如，江苏省有一家以制造文化用品为主的乡镇企业，把培养高文化品位作为企业目标，于是该企业大力倡导和积极鼓励员工开展各种读书、书法、绘画、诗歌欣赏等活动，后来逐渐形成了一年一度的"中秋文化之夜"，企业员工及家属都踊跃参加，展示自己的书画作品，朗诵自己喜爱或创作的诗词散文。这一企业风俗就很好地反映了企业理念。

（2）与企业文化制度行为层要素和谐一致。企业风俗是联系企业理念和员工意识、观念、行为、习惯的桥梁，它和企业各种成文的制度一样，对员工起着一定的约束、规范、引导作用。这就要求企业风俗和企业的各项责任制度、工作制度、特殊制度保持和谐一致，互为补充、互相强化，以更大的合力为塑造良好企业形象发挥作用。

（3）与企业文化符号层相适应。无论企业风俗形式还是风俗活动，都必须建立在一定的物质基础之上。企业文化符号层无疑是企业风俗最基本的物质基础，对企业风俗的形成和发展具有很大的影响。

2. 企业风俗的培育原则

（1）循序渐进原则。在根据精心设计出的目标模式培育企业风俗的过程中，企业通过各种渠道可以对企业风俗的形成产生外加的巨大牵引和推动，但这种作用必须是在尊重企业风俗形成的内在规律的前提下发挥。倘若拔苗助长，必然"欲速则不达"，甚至给企业带来损失。

（2）方向性原则。企业风俗的形成是一个长期的过程，需要时间的积累，而在形成的过程中，企业风俗不断受到来自企业内外各种积极和消极因素的影响。这一特点决定了企业应该在风俗的形成过程中加强监督和引导，使之沿着企业预期的目标方向发展。

（3）间接引导原则。企业风俗的形成主要靠人们的习惯偏好等维持，因此企业管理者和管理部门在培育企业风俗的过程中要发挥非正式组织的作用，宜宏观调控而非直接干预。

（4）适度原则。企业风俗固然对塑造企业形象和改变员工思想、观念、行为、习惯具有很积极的作用，但并不意味着企业风俗可以代替企业的规范管理和制度建设，不是越多越好，而是必须把握好一个"度"。如果企业风俗太多太滥，反而会使员工把注意力集中到企业风俗的外在形式，以致忽视和冲淡企业风俗深层次内涵的影响。因此，培育企业风俗既要做"加法"，也要做"减法"。

3. 企业风俗的改造

一般而言，当企业领导者和管理部门感受到企业风俗的存在，认识到它的作用时，企业风俗肯定已经在企业中基本形成，甚至完全形成了。由于企业风俗是企业在长期发展过程中自发形成的，其中每一种风俗必有其萌芽和发展形成的主客观条件，当企业内外环境不断变化时，企业风俗也会随之出现内容、形式，甚至全部都不适应的情况。因此，有必要主动进行企业风俗的改造，促进企业文化的建设。

改造企业风俗，首要前提是对企业风俗进行科学、全面的分析。缺乏分析的改造，是盲目的主观意志的体现，不但难以促使不良风俗向优良风俗转变、企业风俗的消极因素向积极因素转化，而且可能适得其反。对现有企业风俗的分析应坚持三个结合：结合企业风俗形成历史，正确地把握企业风俗的发展趋势和未来走向；结合企业发展需要，不仅要考虑企业的现实需要，而且要结合企业的长远需要；结合社会环境，从社会的宏观高度来考察和认识企业风俗的社会价值和积极的社会意义。

改造企业风俗，关键在于保持和强化优良企业风俗及其积极因素，改造不良风俗及其消极因素。根据企业风俗中积极因素和消极因素构成的不同，主要有四种方法对企业风俗进行改造：

（1）扬长避短法。指采取积极的态度影响和引导企业风俗，扬长避短、不断完善。这一般用于巩固和发展内外统一、基本属于优良范围的企业风俗。

（2）立竿见影法。指运用企业正式组织力量对企业风俗进行强制性的干预，使之在短期内按照企业所预期的目标转化。这种办法一般用于内在观念积极，但外在形式有缺乏或不足的企业风俗。

（3）潜移默化法。指在企业正式组织的倡导和舆论影响下，通过非正式组织的渠道对企业风俗进行渗透式的作用，经过较长一段时间逐步达到企业预期的目标。这种办法一般用于外在形式完善、内在观念意识不够积极但尚不致对企业发展产生明显阻碍或不良作用的企业风俗。

（4）脱胎换骨法。指运用企业的正式组织和非正式组织共同的力量，对企业风俗从外在形式到内在观念都进行彻底的改变或使之消除。这是对待给企业发展造成明显阻碍的、封建落后的恶劣习俗所必须采取的办法。

三、企业风俗的作用

良好的企业风俗，有助于企业的发展，有助于企业文化的建设和企业形象的塑造。其具体作用体现在如下几个方面：

1. 引导作用

良好的企业风俗是企业理念的重要载体。在风俗习惯所营造的氛围中，若让员工参加丰富多彩的风俗活动，可以加深员工对企业理念的理解和认同，并自觉地按照企业的预期作出努力。

2. 凝聚作用

企业风俗能够长期形成，必然受到多数员工的认同，是员工群体意识的反映，这种共性的观念意识无疑是企业凝聚力的来源之一。设计和建设企业风俗，对增强员工对企业的归属感、增强企业向心力和凝聚力有着积极的作用。

3. 约束作用

企业风俗鼓励和强化与其相适应的行为习惯，排斥和抵制与之不相适应的行为习惯，因此对员工的意识、言行等起着无形的约束作用。在企业风俗的外在形式背后，深层次的内在力量是员工的群体意识和共同价值观，它们更是对员工的思想、意识、观念产生超越企业风俗外在形式的巨大影响。

4. 辐射作用

企业风俗虽然只是企业内部的行为识别活动，但却常常通过各种传播媒介（特别是员工个体的社交活动等）传播出去，其外在形式与作为支撑的内在观念意识必然会给其他企业和社会组织带来或多或少的影响。这种影响就是企业风俗辐射作用的直接反映。认识企业风俗的性质与作用，为正确地进行企业风俗的设计提供了基本依据。

第三节

员工行为规范

一、员工的行为规范

1. "规范"的字面含义

我们讲员工行为规范，首先有必要了解什么是"规范"，其字面含义和引申意义有何不同。

《现代汉语词典（第7版）》（商务印书馆，2016年）对"规范"一词的注解为：

【规范】① 约定俗成或明文规定的标准；② 合乎规范；③ 使合乎规范。

2. "规范"的引申含义

规，是规则、成例，是"大丈夫之见"。大丈夫素有浩然之气，是顶天立地的模范，故其言行深具分量，常为人所敬重，久之即成为大家所喜好效仿的典范。范，是模范、榜样。谚语云"不以规矩，不成方圆"，人如果不懂规矩，自然也就不会做人。因此，明白做人的规矩是我们当前社会所迫切需要的。

现代意义上的规范一般指准则、标准。在人类社会的生产和生活中，存在着用以规范人们行为的各种各样的标准，所有这些标准基本上可以分为两大类：一类叫技术规范，另一类叫社会规范。

技术规范是调整人与自然之间关系，规定人们如何使用自然力、劳动工具和劳动对象的行为规则，反映着自然科学的成就，也就是人们通常所说的技术标准、操作规程等。

社会规范是调整人与人之间在社会生活中的相互关系的行为规则，它包括法律规范、经济规范、政治规范、道德规范、宗教规范、社团规章、习俗礼仪等。

3. 员工行为规范

现今的员工行为规范，是特指企业员工在日常工作、生产、生活、学习和交往中应该遵守的道德规范（传统美德、社会公德、职业道德、家庭美德）、行为规范（工作规范、操作规范）和语言礼仪规范等的统称，以及如何按照标准规范员工行为所采取的一系列方法、措施和步骤。员工行为规范，既属于技术规范（技术标准、操作规程）的范畴，又属于社会规范的范畴。

二、员工职业道德的基本规范

职业道德规范的主要内容包括爱岗敬业、诚实守信、办事公道、服务群众、奉献社会五个方面。

1. 爱岗敬业

爱岗敬业是社会主义职业道德一切基本规范的基础。

爱岗就是热爱自己的工作岗位，热爱本职工作。每个岗位都承担着一定的社会职能，都是从业人员在社会分工中所扮演的一个公共角色。热爱本职工作，就是职业工作者以正确的态度对待各种职业劳动，努力培养热爱自己所从事工作的幸福感、荣誉感，在平凡的岗位上做出不平凡的事业。

敬业就是用一种严肃的态度对待自己的工作，勤勤恳恳、兢兢业业、忠于职守、尽职尽责。中国古代思想家就提倡敬业精神，孔子称之为"执事敬"，朱熹解释敬业为"专心致志，以事其业"。敬业包含两层含义：一是谋生敬业。许多人是抱着强烈的挣钱养家、发财致富的目的来对待职业的。这种敬业道德因素较少，个人利益色彩较重；二是真正认识到自己工作的意义，这是高一层次的敬业，这种内在的精神，才是鼓舞人们勤勤恳恳、认真工作的强大动力。

总的来说，爱岗与敬业是相通的，是相互联系在一起的。爱岗是敬业的基础，敬业是爱岗的具体表现，不爱岗就很难做到敬业，不敬业也很难说是真正的爱岗。

2. 诚实守信

诚实守信是为人处事的一种美德。

诚实，就是忠诚老实，不讲假话；守信，就是信守诺言，说话算数，讲信誉、重信用，履行自己应承担的义务。诚实和守信两者意思是相通的，是互相联系在一起的。诚实是守信的基础，守信是诚实的具体表现，不诚实很难做到守信，不守信也很难说是真正的诚实。

我国是文明古国、礼仪之邦，历来重视诚实守信的道德修养。诚实守信首先是一种社会公德，是社会对做人的起码要求；同时，诚实守信不仅是做人的准则，也是做事的基本准则。一个人要想在社会立足，干出一番事业，就必须具有诚实守信的品德，一个弄虚作假、欺上瞒下、骗取荣誉与报酬的人，是要遭人唾骂的。

3. 办事公道

古人云："治世之道为在平、畅、正、节。天下为公，众生平等，机会均等，一视同仁；物尽其力，货畅其流，人畅其思，不滞不塞；上有正型，下有正风，是非分明，世有正则；张弛疾徐，轻重宽平，皆有节度。"

办事公道是在爱岗敬业、诚实守信的基础上提出的一个更高层次的职业道德的基本要求。所谓办事公道，是指从业人员在处理问题时，要站在公正的立场上，按照同一标准、原则办事的职业道德规范。

怎样才能做到办事公道？一要热爱真理，追求正义；二要坚持原则，不徇私情；三要不谋私利，反腐倡廉；四要不计个人得失，不怕各种权势；五要有一定的识别能力。

4. 服务群众

所谓服务群众就是为人民群众服务。服务群众指出了我们的职业与人民群众的关系，指出了我们应当依靠人民群众，时时刻刻为群众着想，急群众所急，忧群众所忧，乐群众所乐。具体而言就是：一要树立服务群众的观念；二要做到真心对待群众；三是要尊重群众；四是做每件事都要方便群众。

5. 奉献社会

所谓奉献，就是不期望等价的回报和酬劳，而愿意为他人、为社会、为真理、为正义献出自己的力量，包括宝贵的生命。奉献社会不仅要有明确的信念，而且要有崇高的行动。奉献社会的精神主要强调的是一种忘我的、全身心投入的精神。

一个人不论从事什么行业的工作，不论在什么岗位，都可以做到奉献社会。奉献社会是一种人生境界，是一种融入一生事业中的高尚人格。与爱岗敬业、诚实守信、办事公道、服务群众这四项规范相比较，奉献社会是职业道德中的最高境界，同时也是做人的最高境界。爱岗敬业、诚实守信是对从业人员的职业行为的基本要求，是首先应当做到的，做不到这两项要求，就很难做好工作。办事公道、服务群众比前两项要求高了一些，需要有一定的道德修养作基础。奉献社会，则是这五项要求中最高的境界。一个人只要达到一心为社会做贡献的境界，他的工作就必然能做得很好。

三、员工的礼仪规范

礼仪是人类的道德、修养的外在行为规范，是衡量一个民族文化底蕴的重要标准。

大家是否都了解讲究礼仪的重要性？如果你平时多一个温馨的微笑、一句热情的问候、一个友善的举动、一个真诚的态度……也许能给你的生活、工作增添更多的乐趣，使人与人之间更容易交往、沟通。我们作为企业大家庭中的一员，有义务也有必要把讲求礼仪作为提高个人修养、维护企业形象的一个准则。员工是否懂得和运用现代生活中的基本礼仪，不仅能够反映出该员工自身的素质，而且能够折射出该员工所在公司的企业文化水平和经营管理境界。

职场员工的一般礼仪主要有仪表、着装、仪态、日常工作和交往等几个方面。

1. 仪表（职员必须仪表端庄、整洁）

（1）头发：要经常清洗，保持清洁，男性职员头发不宜太长。

（2）指甲：不能太长，应经常修剪。女性职员涂指甲油要尽量用淡颜色。

（3）胡子：不能太长，应经常修剪。

（4）口腔：保持清洁，上班前不能喝酒或吃有异味的食品。

（5）妆容：女性职员化妆应给人明净、健康的印象，不能浓妆艳抹，不宜用香味浓烈的香水。

2. 着装（工作场所的服装应洁净、方便，不过度修饰）

两人相见，第一印象就是对方的着装，因此，一个人在职场中的着装能够体现出他的品位、档次、美学修养和综合素质。就着装而言，大致应遵循以下五大基本规范。

（1）必须干净整洁。职场人士如果着装不整洁，会给人留下邋遢、不干练的坏印象。

（2）应符合潮流。不能太前卫，也不能太复古。

（3）应符合个人身份。譬如说董事长、总经理在职场中的着装就应该高档一些，而一般工作人员的着装要求则可稍微宽松一些。

（4）应扬长避短。譬如一位短脖子的男性，应当穿无领衫比较好，不要穿竖领服装，这样有助于在视觉上拉长他的脖子。

（5）应遵守惯例。所谓惯例，即是指一种成规，也就是大众认可的规范。如果一位女性在出席晚间的社交舞会时穿着一身制服，必然会给人拘束的感觉。

着装还要遵守"三一定律"，比如鞋子、腰带、公文包应该是一个颜色，并且首选黑色。另外，有两种袜子是不该穿的。第一是尼龙丝袜，尼龙丝袜不吸湿、不通气，容易产生异味，妨碍交际；第二是白袜子，因为鞋的颜色和袜子同色最好看，除非穿白皮鞋。

女性职员穿裙子的时候一般有四大禁忌，所谓裙服"四忌"。在比较重要的场合，黑色皮裙不要穿（黑色皮裙在某些西方国家，被视为一种特殊服务行业的服装）；裙子、鞋子和袜子要协调；最好穿长筒丝袜；不能穿成"三截腿"，即穿半截裙子的时候穿半截袜子，袜子和裙子中间露段腿肚子。

3. 仪态（在公司内，职员应保持优雅的姿势和动作）

（1）站姿和坐姿要端正。

（2）进入房间，要先轻轻敲门，听到应答再进。进入后，回手关门，不能大力、粗暴。进入房间后，如对方正在讲话，要稍等静候，不要中途插话，如有急事要打断说话，也要看准机会。

（3）走通道、走廊时要放轻脚步，不能一边走一边大声说话，更不得唱歌或吹口哨等。在通道、走廊里遇到上司或客户要礼让，不能抢行。

4. 日常工作

（1）公司的物品不能野蛮对待，挪为私用。

（2）及时清理、整理账簿和文件。

（3）借用他人或公司的东西，使用后及时送还或归放原处。

（4）未经同意不得随意翻看同事的文件、资料等。

5. 交往

介绍和被介绍的方式和方法：直接见面介绍的场合下，应先把地位低者介绍给地位高者，若难以判断，可把年轻的介绍给年长的；把一个人介绍给很多人时，应先介绍其中地位最高的或酌情而定；男女间的介绍，应先把男性介绍给女性，男女地位、年龄有很大差别时，若女性年轻，可先把女性介绍给男性。

中国人握手是一种常规的礼仪。一般来讲，两个人握手停留的时间应该在三到五秒，稍微握一握，再稍许用力晃一晃；握手时用普通站姿，目视对方眼睛，大方热情、不卑不亢；同性间应先向地位低或年纪轻的伸手，异性间应女性先向男性伸手。

名片的接受和保管：名片应先递给长辈或上级；接对方的名片时，应双手去接，拿到手后，要马上看，正确记住对方姓名后，将名片收起；如遇对方姓名有难认的文字，马上询问；对收到的名片妥善保管，以便查找。

接打电话有以下几点要注意。

（1）接听电话要及时，专业讲法叫作"铃响不过三声"；通话语言要规范，拿起电话之后第一句话就是要问候对方，第二句话自报家门；万一遇到掉线的情况，要及时拨回去，再次接通之后要表达歉意，别让人家觉得你有意不听他电话。

（2）择时通话：要选一个接听电话那一方心平气和、聚精会神、专心致志的时间，打电话效果才容易实现；通话三分钟原则：通话时间要简短，长话短说、废话不说、没话别说；拨错电话要道歉。

（3）代接电话：对方找的人不在，先说不在，才能问来电系何人，所为何事。

（4）使用手机有四点要注意：尽量不要借用别人的手机；使用手机要注意安全；驾驶车辆、乘坐飞机时不要使用手机；使用手机时不要制造噪音。

四、员工行为规范设计应遵循的原则

企业在设计员工行为规范时，应遵循以下基本原则：

1. 合乎法理性原则

这一原则指出，员工行为规范的每一条款都必须符合国家法律、社会公德，即其存在要合法合理。研究一些企业的员工行为规范，常常可以看到个别条款或要求显得非常牵强，很难想象员工们会用这样的条款来约束自己。坚持合乎法理性原则，就是要对规范的内容进行认真审核，尽量避免那些看起来很重要但不合法理的要求。

2. 一致性原则

（1）员工行为规范必须与企业理念要素保持高度一致并充分反映企业理念，成为企业理念的有机载体。

（2）行为规范要与企业已有的各项规章制度充分保持一致，对员工行为的具体要求不得与企业制度相抵触。

（3）行为规范自身的各项要求应该和谐一致，不可出现自相矛盾之处。坚持一致性原则是员工行为规范存在价值的根本体现，在这一原则指导下制定的规范性要求容易被员工认同和自觉遵守，有利于形成企业文化的合力。

3. 针对性原则

这是指员工行为规范的各项内容及其要求的程度，必须从企业实际，特别是员工的行为实际出发，以便能够对良好弱化的行为习惯产生激励和强化作用，对不良的行为习惯产生约束和弱化作用，使得实施员工行为规范的结果能够达到企业预期的强化或改造员工行为习惯的目的。没有针对性、"放之四海而皆准"的员工行为规范，即使能够对员工的行为产生一定的约束，也必然是十分空泛无力的。

4. 普遍性原则

上至总经理，下至一线普通工人，无一例外都是企业的员工。因此，员工行为规范的适用对象不但包括普通员工，而且包括企业各级管理人员，当然也包括企业最高领导，其适用范围应该具有最大的普遍性。

设计员工行为规范时，坚持这一原则主要体现在两个方面：

（1）规范中最好不要有只针对少数员工的条款。

（2）规范要求人人遵守，其内容必须是企业领导和各级管理人员也应该做到的，如果有管理人员由于工作需要或客观原因很难做到的条款，尽量避免被写入，或者在同一条款中用并列句"管理人员应……普通员工应……"来体现各自相应的具体要求。

5. 可操作性原则

行为规范要便于全体员工遵守和对照执行，其规定应力求详细具体，这就是所谓的可操作性原则。如果不注意坚持这一原则，规范要求中含有不少空泛的提倡、原则甚至口号，不仅无法遵照执行、易在执行过程中走样，而且也会影响整个规范的严肃性，最终导致整个规范成为一纸空文。

本章复习思考题

1. 如何认识企业文化与企业制度的关系？

2. 如何保持企业文化制度与企业文化理念的一致？

3. 企业风俗的类型和特点是什么？

4. 企业风俗有怎样的作用？

5. 什么是员工的行为规范？它包括哪些方面？

6. 在员工行为规范的要求中，应该如何接打电话？

案例分析

文化注入活力，提升酒店服务质量

红梅公园虽地处闹市，里边却流水潺潺，碧波幽幽，俨然一个世外桃源。位于园中的听松楼花园酒店，从奢华的情调西餐厅到顶级的商务餐厅，融合了都市生活的高端享受与品质商务，成为静谧花园中的一座瑰丽之城。

听松楼花园酒店由中国百兴集团投资，始建于 2006 年，设有中餐厅、西餐厅和客房服务设施。中餐厅拥有 300 多个餐位，29 个风格各异的 VIP 景观包房均采用了中国古典与现代园林风格相结合的装修特色，创造出完美的自然生态与建筑之结晶。美食与美景的完美结合，让听松楼成为各界名流商务宴请的首选之地。酒店西餐厅采用了开放式厨房的设计，提供国际自助美食和零点菜式。这里的主题风格简洁、大气。整幅墙面的落地窗，很具现代感，让顾客在就餐的同时直接紧邻公园的湖面，并将公园的自然美景和天宁宝塔尽收眼底。

听松楼的每间客房均配有个性化的服务和先进的设施：迷你酒吧、私人保险箱、国际直拨电话、卫星频道电视等。客房的设计和布置充分强调人性化理念，清逸、温馨和独一无二的迷人自然景观使之成为商务、旅游和度假人士下榻的理想选择。酒店拥有一个 500 平方米的大宴会厅和 3 个面积不等的多功能厅，先进的会议视听设备和训练有素的会议统筹服务队伍，能够根据不同的活动特点，满足客人的要求。酒店还将建立设施先进的康乐中心、日光 SPA、卡拉 OK、露天酒吧等。

听松楼花园酒店的全体员工长期秉持着"一切经营服务管理工作以员工利益、消费者利益、公司利益为中心，诚实守信、以人为本、学习创新、品牌经营"的公司经营服务管理宗旨，致力于服务与弘扬地方饮食文化，传承常州传统菜肴并将之发扬光大。酒店的服务与产品深受广大消费者的信任与喜爱，曾先后获得"常州市民最喜爱的餐饮店""常州市优秀餐饮企业"等荣誉称号。

一家酒店的成功，固然有许多要素，如品牌的支撑、市场渠道的确立、准确的战略定位、专业化的管理等，都值得我们去探究！然而，其中有很重要的一点：

服务没界限，文化能共鸣。

酒店是个劳动密集型、感情密集型行业，酒店产品就其本质来说，是酒店员工所提供的服务。而影响服务质量的因素太多了，决不仅仅是靠提高科技含量、利用高新技术进行管理所能达到的。只有利用酒店文化的微妙性来管理员工，从整体上提高员工的素质，才是提高酒店服务质量、增强酒店竞争力的重要手段。所以，一家高星级酒店应该是生产文化、经营文化的企业。客人到酒店来，有个很重要的心理预期，就是要享受文化和消费文化，获得最高的文化附加值。

回首听松楼花园酒店的发展历程，我们会发现，它具有鲜明的地方文化特征。它以酒店业务为载体，加入地方文化的特色，在不断更迭的餐饮行业中，不断焕发出持久而崭新的生命力量。事实上，听松楼花园酒店正在变成一家文化酒店，一家将常州地方文化、现代园林及东西方美食完美结合的文化酒店。区别于常州其他的酒店，听松楼花园酒店具备以下几个明显的特点：

一、独特性

听松楼花园酒店坐落于常州市红梅公园内部，公园人文景观丰富，内有红梅阁、文笔塔、屠一道根艺馆等知名历史人文景点。2005年通过敞开扩建改造，坚持"绿化为本、文化为魂"的建园理念，进一步完善了公园的文化景观功能，提升了文化内涵，与天宁宝塔浑然一体，打造了古运河旅游带和天宁风景名胜区的新亮点，常州的历史文化在这里得到了更好的展示和传承。听松楼花园酒店整体建筑风格与公园保持一致，最大限度地保持了传统文化在酒店的展示。前来就餐的客人可以就近参观红梅公园。依靠红梅公园内部人文景观在常州地方文化中的独特地位，听松楼花园酒店作为一家文化酒店，就具备了其他酒店无法复制的天然优势。

二、文化性

地域文化是当地人们经过长期的生活发展，并在历史的沉淀中最终遗留下来的珍贵文化遗产，其中囊括了当地人们的生活形态、文化信仰及特有的生活习俗等丰富内容，它不仅体现着这个城市的历史，还有这个城市的人们在特定的地域条件下所创造出来的艺术科学。听松楼花园酒店将地域文化融入酒店的设计和服务中，为酒店增色不少。通过酒店整体建筑、硬件设施及服务当中融入常州的地方特色，为酒店增色不少。例如：酒店建筑外形与红梅公园保持一致，完美融入园林氛围；进入大门便能看到清末红顶商人，洋务运动的代表人物，天津大学、上海交通大学的创始人盛宣怀的家宴1∶1展示台，之后的屋内装饰、桌椅餐具包括工作人员的服装都有常州传统文化的装点。

三、创新性

区别于传统的文化酒店和现代酒店，听松楼花园酒店的特点在于将本土文化与餐饮、传统与现代、中餐与西餐都完美地融合在一起。酒店在菜品烹饪上严格遵循原材料加工工艺流程，了解原材料属性，结合地方饮食与文化习惯，以原汁原味、崇尚本真、营养健康、雅俗共赏为宗旨，以常州地方传统、经典菜肴为本，结合粤式菜肴的烹饪精华，不断揣摩烹饪技艺与技品，博采众长，用心做好酒店餐饮文化品牌。

听松楼花园酒店别具一格的风格特点为其发展提供了强大的动力：

第一，年轻更加迎合消费者的需求。

对现在的年轻消费者特别是"90后"及"千禧一代"来说，快节奏、高压力的生活方式及西方文化在国内的传播，让他们对西餐、快餐需求逐渐增大，而中老年顾客大多则因为长久的饮食习惯或对安静的就餐环境的需求，更倾向于传统的中式餐厅。听松楼酒店中西结合的设计能够解决顾客同时存在对中西餐饮需求的问题。同时酒店也不断派出员工前往国外学习国外菜品的制作技艺，在餐具与酒店设施方面也不断更新配套，满足顾客日益丰富的需求。

第二，酒店更具竞争力。

听松楼花园酒店依靠常州的地域文化公园而建，可以同时满足中西方、高中低档不同消费者的需求，酒店设计也更接地气、人气，因此与同水平的集团酒店、奢华酒店相比，地理位置的优越性及特殊的文化气息，让听松楼更具竞争力。

第三，改变酒店在旅游业中被动的地位。

传统的酒店在旅游业中长期处于被动地位，主要依靠当地的旅游景区景点、商务会议、会展的拉动招徕顾客。因此，传统酒店缺乏新意，经营业绩易受旅游业的影响而波动。听松楼花园酒店的创新有效地改善这一缺陷，通过依托于天宁寺、红梅阁及文笔塔等旅游资源，在获取旅游业客源的同时，还可以通过将当地文化与酒店餐饮的结合创新来吸引顾客，反哺旅游业。

放眼未来，在人们日益追求精神需求与个性化生活的时代中，酒店服务也必定会在诸多挑战中迎来机遇，而听松楼花园酒店服务中融入当地传统文化元素，利用各类资源与信息，充分发挥自身优势，有望实现新的突破。

案例思考题

1. 听松楼相较于传统的酒店有何创新之处？

2. 听松楼的成功需要哪些必要条件？

3. 你对听松楼之后的发展保持什么样的态度？对其发展有何建议或意见？

第四章

企业文化视觉系统

一、企业视觉识别概述

企业视觉识别（Visual Identity，简称 VI）是指在企业经营理念的指导下，利用平面设计等手法将企业的内在气质和市场定位视觉化、形象化的结果；是企业作为独立的法人的社会存在与其周围的经营及生存的经济环境和社会环境相互区别、联系和沟通的最直接和最常用的信息平台。VI 是企业形象的静态表现，也是具体化、视觉化的传达形式。它与社会公众的联系十分密切，由于它影响最广，因此是企业对外传播的一张"脸"。这张"脸"是否生动感人，关键在于对其内容的设计。

企业视觉识别是企业所独有的一整套识别标志，它是企业理念外在的、形象化的表现，理念特征是视觉特征的精神内涵。企业视觉系统是企业形象识别系统的具体化、视觉化，它包括企业标志、企业名称、企业商标、企业标准字、企业标准色、象征图形、企业造型等。根据专家的研究，在信息社会中，企业的视觉识别系统几乎就是企业的全部信息载体。视觉系统混乱就是信息混乱，视觉系统薄弱就是信息含量不足，视觉系统缺乏美感就难以在信息社会中立足，视觉系统缺乏冲击力就不能给顾客留下深刻的印象。在这个意义上，缺乏了视觉识别，整个企业标志（Corporate Identity，简称 CI）就不复存在。

二、企业视觉识别的组成

原则上由两大要素组成：一是基础要素，它包括企业名称、企业标志、标准字体、专用印刷字体、企业标准用色、企业造型或企业象征图案以及各要素相互之间的规范组合。二是应用要素，即上述要素经规范组合后，在企业各个领域中的展开运用。如有办公事务用品、建筑及室内外环境、衣着服饰、广告宣传、产品包装、展示陈列、交通工具等。基础要素是以企业标志为核心进行的设计整合，是一种系统化的形象归纳和形象的符号化提炼。这种经过设计整合的基础要素，既要用可视的具体符号形象来展示企业的经营理念，又要作为各项设计的先导和基础，保证它在各项应用要素中落脚的时候保持同一的面貌。通过基础要素来统一规范各项应用要素，达到企业形象的系统一致。高水平的视觉设计系统是对企业形象进行一次整体优化的组合。不是仅仅将基础要素一一搬上应用领域，而是必须考虑到基础要素在办公用品、广告宣传、包装展示等各类不同的应用范围中出现的时候，既要保持同一性，又要避免刻板机械。如果这些基础要素在具体应用中不能给包装、广告、名片等各类设计带来生气与活力，不能带来良好的视觉效果，不能引起人们的美感，那么这种同一性就毫无意义，设计的形象也是失败的。

三、企业视觉识别的基本要素系统

VI 设计的基本要素系统严格规定了标志图形标识、中英文字体、标准色彩、企业象征图案及其组合形式，从根本上规范了企业的视觉基本要素。基本要素系统是企业形象的核心部分，企业基本要素系统包括：企业名称、企业标志、企业标准字、标准色彩、象征图案、组合应用和企业标语口号等。

1. 企业名称

企业名称与企业形象有着紧密的联系，是 CI 设计的前提条件，是采用文字来表现识别要素。企业名称的确定，必须要反映出企业的经营思想，体现企业理念；要有独特性；发音响亮并易识易读；注意谐音词的含义，以避免引起不佳的联想。名称的文字要简洁明了，同时还要注意国际性，适应外国人的发音，以避免外语中的错误联想；在表现或暗示企业形象及商品的企业名称时，应与商标，尤其是与其代表的品牌相一致，也可将在市场上较有知名度的商品作为企业名称；企业名称的确定不仅要考虑传统性，还要具有时代的特色。

2. 企业标志

企业标志是特定企业的象征与识别符号，是 CI 设计的核心。企业标志是通过简练的造型、生动的形象来传达企业的理念、所具有的内容、产品特性等信息。标志的设计不仅要具有强烈的视觉冲击力，而且要表达出独特的个性和时代感，必须广泛地适应各种媒体、各种材料及各种用品的制作，其表现形式可分为：① 图形表现（包括再现图形、象征图形、几何图形）；② 文字表现（包括中外文字和阿拉伯数字的组合）；③ 综合表现（包括图形与文字的结合应用）三个方面。

企业标志要以固定不变的标准原型在 CI 设计形态中应用，开始设计时必须绘制出标准的比例图，并标示出标志的轮廓、线条、距离等精密的数值。其制图可采用方格标示法、比例标示法、多圆弧角度标示法，以便标志在放大或缩小时能被精确描绘和准确复制。

3. 标志字体

企业的标准字体包括中文、英文或其他文字字体，标准字体是根据企业名称、企业牌名和企业地址等来进行设计的。标准字体的选用要有明确的说明性，直接传达企业、品牌的名称并强化企业形象和品牌祈求力，可根据使用方面的不同，采用企业的全称或简称来确定。字体的设计，要求字形正确、富于美感并易于识读，在字体的线条粗细处理和笔画结构上要尽量清晰简化和富有装饰感。设计时要考虑字体与标志在组合时的协调统一，对字距和造型要作周密的规划，注意字体的系统性和延展性，以适应各种媒体和不同材料的制作，以及各种物品大小尺寸的应用。企业的标准字体的笔画、结构和字形的设计也可体现企业精神、经营理念和产品特性，其标准制图方法是将标准字配置在适宜的方格或斜格之中，并标明字体的高、宽尺寸和角度等位置关系。

4. 标准色

企业的标准色是用来象征企业并应用在视觉识别设计中所有媒体上的特定色彩。透过色彩具有的知觉刺激与心理反应，可表现出企业的经营理念与产品内容的特质，体现出企业属性和情感。标准色在视觉识别符号中具有强烈的识别效应。企业标准色的确定要根据企业所在行业的属性，突出企业与同行的差别，并创造出与众不同的色彩效果。标准色的选用是以国际标准色为基准的，企业的标准色使用不宜过多，通常不超过三种颜色。

5. 象征图案

企业象征图案是为了配合基本要素在各种媒体上广泛应用而设计的造型图案符号，在内涵上要体现企业精神，引起衬托和强化企业形象的作用。通过象征图案的丰富造型，来补充标志符号建立的企业形象意义，使其更完整、更易识别、更具表现力的幅度与深度。象征图案在表现形式上采用简单抽象并与标志图形保持既对比又协调的关系，也可由标志或组成标志的造型内涵来进行设计。在与基本要素组合使用时，要有强弱变化的律动感和明确的主次关系，并根据不同媒体的需求做出各种展开应用的规划组合设计，以保证企业识别的统一性和规范性，强化整个系统的视觉冲击力，产生出视觉的诱导效果。

6. 企业提出的标语、口号

企业的标语、口号是企业理念的概括，是企业根据自身的营销活动或理念而研究出来的一种文字宣传标语。企业标语、口号的确定要求文字简洁、朗朗上口。准确而响亮的企业标语、口号对内能激发出职员的工作积极性，对外则能展现出企业发展的目标和方向，加深企业在公众心目中的印象，其主要作用是对企业形象和企业产品形象的补充，以达到使社会大众在瞬间的视听中了解企业思想，并留下对企业或产品难以忘却的印象。

7. 企业吉祥物

企业吉祥物是以平易可爱的人物或拟人化形象来唤起社会大众的注意和好感。

8. 专用字体

专用字体即是对企业新使用的主要文字、数字、产品名称与对外宣传文字等相结合，并统一进行设计的字体。主要包括为企业产品而设计的标识字和为企业对内、对外活动而设计的标识字，以及为报刊广告、招贴广告、影视广告等设计的刊头、标题字体。

四、企业视觉识别的应用要素系统

VI 设计的应用要素系统设计即是对基本要素系统在各种媒体上的应用所作出具体而明确的规定。

当企业视觉识别的最基本要素——标志、标准字、标准色等被确定后，就要从事这些要素的精细化作业，开发各应用项目。VI 各视觉设计要素的组合系统因企业规模、产品内容而有不同的组合形式。最基本的是将企业名称的标准字与标志等组成不同的单元，以配合各种不同的应用项目。当各种视觉设计要素在各应用项目上的组合关系确定后，就应严格地固定下来，以期达到通过同一性、系统化来加强视觉祈求力的作用。应用要素系统大致有如下内容：

1. 办公事务用品

办公事务用品的设计制作应充分体现出强烈的统一性和规范化的特点，表现出企业的精神。其设计方案应严格规定办公用品形式排列顺序，以标志图形安排文字格式、色彩套数及所有尺寸为依据，形成办公事务用品的严肃、完整、精确和统一规范的格式，给人一种全新的感受并表现出企业的风格，同时也展示出现代办公的高度集中和现代企业文化向各领域渗透传播的攻势。主要包括：信封、信纸、便笺、名片、徽章、工作证、请柬、文件夹、介绍信、账票、备忘录、资料袋、公文表格等。

2. 企业外部建筑环境

企业外部建筑环境设计是企业形象在公共场合的视觉再现，是一种公开化、有特色的群体设计和标志着企业面貌特征的系统。在设计上借助企业周围的环境，突出和强调企业识别标志，并使用于周围环境当中，充分体现企业形象统一的标准化、正规化和企业形象的坚定性，以便使观者在眼花缭乱的都市中眼前一亮。主要包括：建筑造型、旗帜、门面、招牌、公共识标牌、路标指示牌、广告塔等。

3. 企业内部建筑环境

企业的内部建筑环境是指企业的办公室、销售庭、会议室、休息室等内部环境形象。设计时应把企业识别标志使用于企业室内环境之中，从根本上塑造、渲染、传播企业识别形象，并充分体现企业形象的统一性。主要包括：企业内部各部门标识、企业形象牌、吊旗、吊牌、POP 广告、货架标牌等。

4. 交通工具

交通工具是一种流动性、公开化的企业形象传播方式，其多次流动并给人瞬间的记忆，有意无意地建立起企业的形象。设计时应具体考虑它们的移动和快速流动的特点，要运用标准字和标准色来统一各种交通工具外观的设计效果。企业标识和字体应醒目，色彩要强烈才能引起人们注意，并最大限度地发挥其流动广告的视觉效果。主要包括：轿车、中巴、大巴、货车、工具车等。

5. 服装服饰

企业整洁高雅的服装服饰统一设计，可以提高企业员工对企业的归属感、荣誉感和主人翁意识，改变员工的精神面貌，促进工作效率的提高，并有益员工纪律的严明和加强对企业的责任心，设计师应根据不同的工作范围、性质和特点，设计出符合不同岗位的着装。主要包括：经理制服、管理人员制服、员工制服、礼仪制服、文化衫、领带、工作帽、胸卡等。

6. 广告媒体

企业选择各种不同媒介的广告形式对外宣传，是一种长远、整体、宣传性极强的传播方式，可在短期内以最快的速度、在最广泛的范围内将企业信息传达出去，是现代企业传达信息的主要手段。主要包括：电视广告、报纸广告、杂志广告、路牌广告、招贴广告等。

7. 产品包装

产品是企业的经济来源，产品包装起着保护、销售、传播企业和产品形象的作用，是一种记号化、信息化、商品化流通的企业形象，因而代表着产品生产企业的形象，并象征着商品质量的优劣和价格的高低。所以系统化的包装设计具有强大的推销作用。成功的包装是最好、最便利的宣传、介绍和树立良好企业形象的途径。产品包装主要包括：纸盒包装、纸袋包装、木箱包装、玻璃包装、塑料包装、金属包装、陶瓷包装、包装纸等。

8. 赠送礼品

企业礼品主要是为树立企业形象或为使企业精神形象化和富有人情味而用来联系感情、沟通交流、协调关系的物品，是以企业标识为导向、传播企业形象为目的、将企业形象组合表现在日常生活用品上的物品。企业礼品同时也是一种行之有效的广告形式，主要包括：T恤衫、领带、领带夹、打火机、钥匙牌、雨伞、纪念章、礼品袋等。

9. 陈列展示

陈列展示是企业营销活动中运用广告媒体，以突出企业形象为目的并对企业产品或销售方式进行传播的活动。在设计时要突出陈列展示的整体活动以及陈列展示的整体感、顺序感和新颖感，以表现出企业的精神风貌。主要包括：橱窗展示、展览展示、货架商品展示、陈列商品展示等。

10. 印刷出版物

企业的印刷出版物代表着企业的形象，直接与企业的关系者和社会大众见面。设计是为了取得良好的视觉效果，充分体现出强烈的统一性和规范化，表现出企业的精神；编排要一致，固定印刷字体和排版格式，并将企业标志和标准字统一为某一特定的版式风格，形成一种统一的视觉形象来强化公众的印象。主要包括：企业简介、商品说明书、产品简介、企业简报、年历等。

VI 设计

一、VI 设计的原则

VI 设计不是机械的符号操作,而是以企业的理念识别(Mind Identity,简称 MI)为内涵的生动表述。所以,VI 设计应多角度、全方位地反映企业的经营理念。在坚持风格统一性的基础上,强化视觉冲击;在强调人性化的基础上,增强民族个性、并尊重民族风俗;在可实施性的情况下,VI 设计不是设计师的异想天开而是要求具有较强的可实施性。如果在实施性上过于麻烦,或因成本昂贵而影响实施,再优秀的 VI 设计也会由于难以落实而成为空中楼阁、纸上谈兵。并且,VI 设计也要符合审美规律,加强严格管理,因此,在成年累月的实施过程中,要充分注意各实施部门或人员的随意性,严格按照VI 设计手册的规定执行,保证不走样。

1. 目标性原则

VI 设计,必须在对企业实际情况作深入了解后, 在不同的阶段追求不同的外部目标形象,通过这些外部目标形象,将企业自身的整体实力、外在形象、所处位置传递给社会公众。

为了达成企业形象对外传播的一致性与一贯性,应该运用统一设计和统一大众传播,用完美的视觉一体化设计,将信息与认识个性化、明晰化、有序化,统一各种形式传播媒体上的形象,创造能储存与传播的统一的企业理念与视觉形象,这样才能集中与强化企业形象,使信息传播更为迅速有效,给社会大众留下强烈的印象与影响力。

对企业识别的各种要素,从企业理念到视觉要素予以标准化,采取统一的规范设计,对外传播均采取统一的模式,并坚持长期运用,不轻易进行变动。

2. 统一性原则

要达成统一性，实现 VI 设计的标准化导向，必须采用简化、统一、系列、组合、通用等手法对企业形象进行综合的整形。

① 简化：对设计内容进行提炼，使组织系统在满足推广需要的前提下尽可能条理清晰、层次简明、优化系统结构。如 VI 系统中，构成元素的组合结构必须化繁为简，有利于标准的施行。

② 统一：为了使信息传递具有一致性和便于社会大众接受，应该把品牌和企业形象不统一的因素加以调整。品牌、企业、商标名称应尽可能地统一，给人以唯一的视听印象。如北京牛栏山酒厂出品的华灯牌北京醇酒，厂名、商标、品名均不统一，在中央电视台播出广告时很难让人一下记住，如果把三者统一，信息单纯集中，其宣传效果会大大提升。

③ 系列：对设计对象组合要素的参数、形式、尺寸、结构进行合理的安排与规划。如对企业形象战略中的广告、包装系统等进行系列化的处理，使其具有家族式的特征，鲜明的识别感。

④ 组合：将设计基本要素组合成通用性较强的单元，如在 VI 基础系统中将标志、标准字或象征图形、企业造型等组合成不同的形式单元，可灵活运用于不同的应用系统，也可以规定一些禁止组合规范，以保证传播的统一性。

⑤ 通用：即指设计上必须具有良好的适合性。如标志不会因缩小、放大产生视觉上的偏差，线条之间的比例必须适度，如果太密，缩小后就会连成一片，要保证大到户外广告，小到名片，均有良好的识别效果。

统一性原则的运用能使社会大众对特定的企业形象有一个统一完整的认识，不会因为企业形象的识别要素的不统一而产生识别上的障碍，从而增强了形象的传播力。

3. 普遍性原则

指要符合当地的风俗习惯，为当地群众所接受，不犯禁忌，同时具有清晰的可续性与辨视性，设计时应具有目标性、时尚化，为企业品牌逐步成为一个国际名牌奠定基础。

4. 差异性原则

企业形象为了能获得社会大众的认同，必须是个性化的、与众不同的，因此差异性原则十分重要。

首先，差异性表现在不同行业的区分上，因为在社会性大众心目中，不同行业的企业与机构均有其行业的形象特征，如化妆品企业与机械工业企业的企业形象特征应是截然不同的。在设计时必须突出行业特点，才能使其与其他行业相区别，以便识别、认同。其次，必须突出与同行业其他企业的差别，才能独具风采、脱颖而出。

5. 有效性原则

有效性是指企业经策划与设计的 VI 计划能得以有效地推广运用，VI 不是企业的装扮物，因此应能够操作和便于操作，其可操作性是一个十分重要的问题。

企业 VI 计划要具备有效性，要能够有效地树立良好企业的形象。VI 策划设计必须根据企业自身的情况、企业的市场营销的地位，在推行企业形象战略时确立准确的形象定位，然后以此定位进行发展、规划。在这点上，协助企业导入 VI 计划的机构或个人负有重要的责任，一切必须从实际出发，不能一味迎合企业领导人一些不切实际的想法。笔者曾经协助一家产品在市场信息上刚有较好走势但实力并不雄厚的企业导入 VI 计划，在第二次接触时，该企业领导人即提出要在五年内进入全国 100 强企业前几名等过于盲目乐观的规划与想法。如果迎合企业家这种冒进心态来构建企业形象战略的架构，其有效性将要大打折扣。事实上，一年之后该企业由于营销上的失误，全面跌入了低谷。

6. 民族性原则

企业形象的塑造与传播应该考虑不同的民族文化元素，美、日等许多企业的崛起和成功，民族文化是其根本的驱动力。美国企业文化研究专家特雷斯·迪尔（Terrence E. Deal）和艾兰·肯尼迪（Allan A. Kennedy）指出："一个强大的文化几乎是美国企业持续成功的驱动力。"驰名于世的"麦当劳"和"肯德基"独具特色的企业形象，展现的就是美国生活方式的"快餐文化"。

塑造能跻身于世界之林的中国企业形象，必须弘扬中华民族文化优势。灿烂的中华民族文化，是我们取之不尽、用之不竭的源泉，有许多值得我们吸收的精华，有助于我们创造具有中华民族特色的企业形象。

7. 3E 原则

3E 即指 VI 设计要符合 Engineering（工程学）、Economics（经济学）、Ethics（美学）的开发与制作要求。

Engineering 是指在工程学上要具备开发、创造企业个性的系统的能力；Economics 是指在经济学上要能创造出独特的销售价值；Ethics 是指在美学上要提升企业品牌的形象。

8. 合法原则

VI 设计的符号系统不能违反国家和有关行业的法律条文。

二、战略性 VI 设计

1. 概念

一流的 VI 设计应通过标志造型、色彩定位、标志的外延含义、应用、品牌气质传递等要素助推品牌成长，帮助品牌战略落地，累积品牌资产。品牌战略专家翁向东认为，在标志设计之初，站在品牌战略的高度，为品牌设计有一定包容性的标志可为品牌长远发展提供延伸空间。

2. 原则

（1）标志本身的线条作为表现手段传递的信息需要符合品牌战略，降低负面联想或错误联想风险。

（2）标志色彩作为视觉情感感受的主要手段、识别第一元素，须将品牌战略精准定位，用色彩精准表达。

（3）标志外延含义的象征性联想须与品牌核心价值精准匹配。

（4）标志整体联想具备包容性及相对清晰的边界，为品牌长远发展提供延伸空间。

（5）标志整体设计传递的气质须符合品牌战略，整体气质具备相对具体的、清晰的、强烈的感染力，实现品牌的气质识别。

三、VI 设计流程和具体实施步骤

1. 设计流程

（1）准备阶段：成立 VI 设计小组，理解消化 MI，确定贯穿 VI 设计的基本形式，搜集相关资讯，以便比较。VI 设计小组由各具所长的人士组成。

人不在于多，而在于精干，重实效。一般说来，应由企业的高层主要负责人担任。因为该人士对企业自身情况比一般的管理人士和设计师了解得更为透彻，宏观把握能力更强。其他成员主要是各专门行业的人士，以美工人员为主体，以营销人员、市场调研人员为辅。如果条件许可，还可邀请美学、心理学等学科的专业人士参与部分设计工作。

（2）设计开发阶段包括基本要素设计和应用要素设计。VI 设计小组成立后，首先要充分地理解、消化企业的经营理念，把 MI 的精神吃透，并寻找与 VI 的结合点。这一工作有利于 VI 设计人员与企业间的充分沟通。在各项准备工作就绪之后，VI 设计小组即可进入具体的设计阶段。

（3）反馈修正阶段。

（4）调研与修正反馈阶段。

（5）修正并定型阶段：在 VI 设计基本定型后，还要进行较大范围的调研，以便通过一定数量、不同层次的调研对象的信息反馈来检验 VI 设计的各个细节部分。

（6）编制 VI 设计手册阶段。

2. 具体实施步骤

将企业理念、企业价值观通过静态的、具体化的、视觉化的传播系统，有组织、有计划及正确、准确、快捷地传达出去，并贯穿在企业的经营行为之中，使企业的精神、思想、经营方针、经营策略等主体性的内容，通过视觉表达的方式得以外形化，使社会公众能一目了然地掌握企业的信息，产生认同感，进而达到企业识别的目的。

企业识别系统应以建立企业的理念识别为基础。换句话说，视觉识别的内容，必须能够反映企业的经营思想、经营方针、价值观念和文化特征，并在企业的经营活动和社会活动中进行统一传播、广泛应用，与企业的行为相辅相成。因此，企业识别系统设计的首要问题是企业必须从识别和发展的角度，从社会和竞争的角度，对自己进行定位，并以此为依据，认真整理、分析、审视和确认自己的经营理念、经营方针、企业使命、企业哲学、企业文化、运行机制、企业特点以及未来发展方向，使之演绎为视觉的符号或符号系统。其次，是将具有抽象特征的视觉符号或符号系统，设计成视觉传达的基本要素，统一地、有控制地应用在企业行为的方方面面，达到建立企业形象之目的。在设计开发过程中，从形象概念到设计概念，再从设计概念到视觉符号，是两个关键的阶段，这两个阶段把握好了，企业视觉传播的基础就具备了。就 VI 设计开发的程序而言，可依以下步骤进行：

（1）制作设计开发委托书，委托设计公司，明确 VI 设计的开发目标、主旨、要点等。

（2）说明设计开发要领，依调查结果订立新方针。

（3）探讨企业标志要素的概念与草图，即探讨、拟定标志设计概念，再从构想出来的众多设计方案中，挑选几个代表性的标志图案。

（4）展现企业标志设计图案。

（5）选择设计及测试设计方案，包括对外界主要关系者，公司内部职员进行设计方案的意见调查，进而选定造型优美、反映良好的作品。

（6）企业标志设计要素精致化。对选定的标志设计方案进行精致化作业、造型上的润色、应用上的审视，以利于开发设计。

（7）展现基本要素和系统的提案。其他基本要素的开发可和标志要素精致化同时进行，针对标志、要素同其他基本设计要素之间的关系、用法、规定，提出企划案。

（8）编辑基本设计要素和系统手册。

（9）企业标准应用系统项目的提案。进行应用设计，包括名片、文具类、招牌、事务用名等，在此阶段建立应用设计系统。

（10）一般应用项目的设计开发。在上述阶段所开发设计的项目之外，按照开发应用计划，进行一般的应用设计项目设计开发。

（11）进行测试、打样。

（12）开始新设计的应用。

（13）编辑设计应用手册。

四、网络形象设计（VISI）

随着时代的进步,时代的概念也在逐渐变化,第四媒体互联网的迅速发展,使信息传播业面临一场变革,视觉识别系统(Visual Identity System),也延伸到新的领域,互联网逐渐成为企业讯息发布等宣传工作的重要阵地,具有迅捷、传播范围广等优势,VI 的含义也逐渐应用在互联网上,被重新定义为网络形象识别设计(Visual Identity System Internate,简称 VISI),由于它开拓了新的空间,视觉文化从而成为主导设计潮流。

一个成功的企业 VI 设计对一个企业能够产生以下作用:

（1）在明显地将该企业与其他企业区分开来的同时,又确立该企业明显的行业特征或其他重要特征。

（2）传达该企业的经营理念和企业文化,以形象的视觉形式宣传企业。

（3）以自己特有的视觉符号系统吸引公众的注意力并产生记忆,使消费者对该企业所提供的产品或服务产生最高的品牌忠诚度。

（4）提高该企业员工对企业的认同感,提高企业士气。

一个失败的 VI 设计往往表现在:

（1）对该企业的视觉定位模糊不清,让人觉得似是而非或产生不正确的联想。

（2）视觉效果与企业经营范围和理念乃至企业文化的精髓相去甚远,其至背道而驰。

（3）设计师的平面设计功力不足,作品缺乏内在的逻辑性和外在的美感。

（4）过于追求时尚,缺乏长久的生命力。

（5）复制别人和自我复制。

一、VI 手册的目录设计

1. 事务用品类

事务用品类的主要设计要素一般包括：

（1）企业标志、企业名称（全称或简称）。

（2）标志字、标准字、标准色、企业造型、象征图形、企业署名。

（3）地址、电话、电报、电传、电子邮件信箱、邮政编码。

（4）企业标语口号、营运内容。

（5）事务用品名称（如"请柬""合同书"）。

（6）图形、文字、构图。

（7）肌理、制作工艺等。

2. 包装产品类

主要项目细则：外包装箱（大、中、小）；包装盒（大、中、小）；包装纸（单色、双色、特别色）；包装袋（纸、塑料、布、皮等材料）；专用包装（指特定的礼品、活动、宣传用的包装）；容器包装（如塑料、金属、树脂等材料）；手提袋（大、中、小）；封口胶带（宽、窄）；包装贴纸（大、中、小）；包装封缄（大、中、小）；包装用绳；产品外观；产品商标表示；产品吊牌；产品铭牌；等等。

3. 旗帜规划类

主要项目细则：公司旗帜（标志旗帜、名称旗帜、企业造型旗帜）；纪念旗帜；横式挂旗；奖励旗；促销用旗；庆典旗帜；主题式旗帜；等等。其中各类吊挂式旗帜多用于渲染环境气氛，并与不同内容的公司旗帜形成具有强烈形象识别的效果。

4. 员工制服类

主要项目细则：男女主管职员制服（二季）；男女行政职员制服（二季）；男女服务职员制服（二季）；男女生产职员制服（二季）；男女店面职员制服（二季）；男女展示职员制服（二季）；男女工务职员制服（二季）；男女警卫职员制服（二季）；男女清洁职员制服（二季）；男女后勤职员制服（二季）；男女运动服（二季）；男女运动夹克（二季）；运动帽、鞋、袜、手套；领带、领带夹、领巾、皮带、衣扣；安全帽、工作帽、毛巾、雨具。

5. 媒体标志风格类

主要项目细则：电视广告商标标志风格；报纸广告商标标志风格；杂志广告商标标志风格；人事招告商标标志风格；企业简介商标标志风格；广告、说明书商标标志风格；促销 POP、DM 广告商标标志风格；海报商标标志风格；营业用卡（回函）商标标志风格。

6. 广告招牌类

主要项目细则：导入 CI 各阶段对内对外广告；企业简介、产品目录样本；电视 CF、报纸、海报、杂志广告；直邮 DM 广告、POP 促销广告；通知单、征订单、明信片、优惠券等印刷物；对内对外新闻稿；年度报告、报表；企业出版物（对内宣传杂志、宣传报）。

7. 室内外指示类

主要项目细则：

（1）招牌类：室内外直式、模式、立地招牌；大楼屋顶、楼层招牌；骑楼下、骑楼柱面招牌；悬挂式招牌；柜台后招牌；企业位置看板（路牌）；工地大门、工务所、围篱、行道树围篱、牌坊。

（2）指示类：室内外指示系统；符号指示系统（含表示禁止的指示、公共环境指示）；机构、部门标示牌；总区域看板；分区域看板；标识性建筑物壁画、雕塑造型。

8. 环境风格类

主要项目细则：主要建筑物外观风格；建筑内部空间装饰风格；大门入口设计风格；室内形象墙面；厂区外观色带；玻璃门色带风格；柜台后墙面设计；公布栏、室内标语墙；环境色彩标志；踏垫；烟灰缸、垃圾桶；员工储物柜；室内装饰植物风格。

9. 交通运输类

（1）营业用工具，如服务用的轿车、吉普车、客货两用车、展销车、移动店铺、汽船等。

（2）运输用工具，如大巴、中巴、大小型货车、厢式货柜车、工具车、平板车、脚踏车、货运船、客运船、游艇、飞机等。

（3）作业用工具，如起重机车、推土车、升降机、曳拉车、拖车头、公共用清洁车、垃圾车、救护车、消防车、电视转播车等。

10. 展示风格类

主要项目细则：展示会场设计；橱窗设计；展板造型；商品展示架、展示台；展示参观指示；舞台设计；照明规划；色彩规划；商标、商标名称表示风格；椅子、桌子、沙发等风格。

11. 专卖店风格类

主要项目细则：各空间区域的平面图、立体图、施工图；各类材质规划；各空间区域色彩风格；功能设备规划（如水电、照明等）；环境设施规划（如柜台、桌椅等家具，盆栽、垃圾桶、烟灰缸等环境风格，各类橱柜）；店员服饰风格、店内外广告招牌造型；店内外标识类；商品展示类（如商品陈列台、促销台、价目牌、分类牌、店卡、目录架、品牌灯箱等）。

二、VI 手册的内容设计

1. 企业标志

企业标志可分为企业自身的标志和商品标志。

企业标志特点：识别性、系统性、统一性、形象性、时代性。

企业标志设计作业流程：调查企业经营实态、分析企业视觉设计现状，具体包括以下内容。

（1）企业的理念精神内涵与企业的总体发展规划。

（2）企业的营运范围、商品特性、服务性质等。

（3）企业的行销现状与市场占有率。

（4）企业的知名度与美誉度。

（5）企业经营者对整个形象战略及视觉识别风格的期望。

（6）企业相关竞争者和本行业特点的现状等。

2. 企业标准字

企业标准字是将企业名称、企业商标名称略称、活动主题、广告语等进行整体组合而成的字形。

企业标准字特征：识别性、可读性、设计性、系统性。

企业标准字种类：企业名称标准字、产品或商标名称标准字、标志字体、广告性活动标准字。

3. 企业标准色

企业标准色是指企业通过色彩的视知觉传达，设定反映企业独特的精神理念、组织机构、营运内容、市场营销与风格面貌的状态的色彩。

标准色的开发设定：

调查分析阶段：

（1）企业现有标准色的使用情况分析。

（2）公众对企业现有色的认识形象分析。

（3）竞争企业标准色的使用情况分析。

（4）公众对竞争企业标准色的认识形象分析。

（5）企业性质与标准色的关系分析。

（6）市场对企业标准色的期望分析。

（7）宗教、民族、区域习惯等忌讳色彩分析。

概念设定阶段：

（1）积极的、健康的、温暖的等（如红色）。

（2）和谐的、温情的、任性的等（如橙色）。

（3）明快的、希望的、轻薄的等（如黄色）。

（4）成长的、和平的、清新的等（如绿色）。

（5）诚信的、理智的、消极的等（如蓝色）。

（6）高贵的、细腻的、神秘的等（如紫色）。

（7）厚重的、古典的、恐怖的等（如黑色）。

（8）洁净的、神圣的、苍白的等（如白色）。

（9）平凡的、谦和的、中性的等（如灰色）。

色彩形象阶段：

通过对企业形象概念及相对应的色彩概念和关键语的设定，进一步确立相应的色彩形象表现系统。

模拟测试阶段：

（1）色彩具体物的联想、抽象感情的联想及嗜好等心理性调查。

（2）色彩视知觉、记忆度、注目性等生理性的效果测试。

（3）色彩在实施制作中，技术、材质、经济等物理因素的分析评估。

色彩管理阶段：

本阶段主要是对企业标准色的使用做出数值化的规范，如表色符号、印刷色数值。

实施监督阶段：

（1）对不同材质制作的标准色进行审定。

（2）对印刷品打样进行色彩校正。

（3）对商品色彩进行评估。

（4）其他使用情况的资料收集与整理等。

4. 辅助图形

辅助图形是企业识别系统中的辅助性视觉要素，它包括企业造型、象征图案和版面编排等三个方面的设计。

（1）企业造型（又称之为商业角色或吉祥物、商业标识画）的设计与应用：企业造型是为了强化、突出企业或产品的性格特征，而设计的漫画式人物、动物、植物、风景或其他非生命物等，作为企业的具体象征。

（2）企业造型的应用：二维媒体，如印刷品等；三维媒体，如影视媒体等；户外广告和 POP 广告等，如路牌、车体等；企业公关物品和商品包装，如赠品等。

（3）企业象征图形的设计构成：象征图形不是纯装饰的图书馆案，是企业基本视觉要素的拓展联系。

（4）企业象征图形的设计题材：以企业标志的造型为开发母体；以企业标志或企业理念的意义为开发母体。

5. 版面编排设计

一般的版面包括天头、版心、地脚三大部分，编排的内容要素包括视觉识别系统中的基本要素——组合、正文（文字和图）、企业造型等，它们处于版面的不同位置。

版面编排常用直接标示法、符号标示法这两种方式表示其结构。根据具体媒体的规格与排列方向设计成横排、竖排、大小、方向等不同形式的组合方式。企业视觉识别基本要素组合的内容：

（1）使目标从其背景或周围要素中脱离出来而设定的空间最小规定值。

（2）企业标志同其他要素之间的比例尺寸、间距方向、位置关系等。

标志同其他要素的组合方式，常有以下形式：

（1）标志同企业中文名称或略称的组合。

（2）标志同品牌名称的组合。

（3）标志同企业英文名称全称或略称的组合。

（4）标志同企业名称或品牌名称及企业选型的组合。

（5）标志同企业名称或品牌名称及企业宣传口号、广告语等的组合。

（6）标志同企业名称及地址、电话号码等资讯的组合。

禁止组合规范：

（1）在规范的组合上增加其他造型符号。

（2）规范组合中的基本要素的大小、广告、色彩、位置等发生变换。

（3）基本要素被进行规范以外的处理，如标志加框、立体化、网线化等。

（4）规范组合被进行字距、字体变形、压扁、斜向等改变。

6. 专用字体

专用字体包括现有标准字体和指定字体。

标准字体多用于企业名称、商品名称、商标名称等。

指定字体常用于部门名称、设施名称、分支机构名称及其地址、广告内容、正式文书等。

设计选择专用字体应注意事项：

（1）调查整理专用字体的使用范围、使用目的、使用状况等。

（2）选用指定字体，应考虑同标志和标准字体等基本要素的风格相协调。

（3）所选字体的种类及文字的组合形态、方法应有一定的规律，并形成具有可读性的、再现性的、识别性的文字系统。

三、编制 VI 视觉识别手册

1. 设计手册结构体系

（1）概念的诠释。如 CI 概念、设计概念、设计系统的构成及内容说明。

（2）基本设计项目的规定。主要包括各设计项目的概念说明和使用规范说明等。如企业标志的意义、定位、单色或色彩的表示规定、使用说明和注意事项，标志变化的开发目的和使用范围，具体禁止使用例子等。

（3）应用设计项目的规定。主要包括各设计项目的设计展开标准，使用规范和样式、施工要求和规范详图等。如事务用品类使用的字体、色彩及制作工艺等。

2. 设计手册编制形式

（1）将基本设计项目规定和应用设计项目规定按一定的规律编制装订成册，多采用活页形式，以便于增补。

（2）将基本设计项目规定和应用设计项目规定，分开编制，各自装订成册，多采用活页和目录形式。

（3）根据企业不同机构（如分公司）或媒体的不同类别，将应用设计项目分册编制，以便使用。

3. 设计手册具体内容

（1）引言部分。如领导致辞，企业理念体系说明和形象概念阐述，导入 CI 的目的和背景，手册的使用方法和要求等。

（2）基本设计项目及其组合系统部分。如基本要素的表示法、变体设计等。

（3）应用设计项目部分。

（4）主要设计计划要素样本部分。如标志印刷样本或干胶，标准色色票等。

本章复习思考题

1. 简述企业视觉识别的内容。
2. 企业视觉系统的应用要素有哪些？
3. 进行企业视觉识别的设计，其原则是什么？
4. 简要描述 VI 设计流程和具体实施步骤。
5. VI 手册的目录设计时，环境风格的设计有哪些内容？
6. VI 手册的内容框架如何安排？

案例分析

打造系统化视觉　不断完善企业形象

一、打造品牌企业，树立行业形象

江苏武进建筑安装工程有限公司（原江苏武进建筑安装工程公司）成立于 1955 年 10 月，2012 年 9 月组建集团公司，投资控股了常州金建混凝土有限公司、常州市武建投资有限公司、常州武建项目管理有限公司、常州武建建筑科技有限公司四家子公司，企业注册资本金 3 亿元。经营业务涉及土建、安装、机施、市政、网架、装饰、房产开发等专业和建筑机械、电器电柜、轻钢彩板等工业品生产领域，可实施建筑安装"一条龙"配套服务。公司坚持"立足常武、巩固沪宁、拓展外埠、走向全国"的经营方针，坚持"百年大计，质量第一"的宗旨。近年来，公司以"为人们创造工作与生活的新空间"为使命，以"成为建筑行业中的品牌企业"为愿景，以企业文化建设为依托，以文明施工、质量创优为基础，以科技创新为突破，获得了迅猛发展，先后获得了"全国建筑业 500 家最佳经济效益企业""全国建筑业 500 家最大规模经营企业""全国用户满意服务单位""全国工程施工放心企业"等荣誉。

公司非常重视企业文化建设，确立了明确的行业形象标准——建一项工程，播一路新风；建一项工程，交一方朋友；建一项工程，育一批人才；建一项工程，占一块阵地；建一项工程，树一流信誉；建一项工程，立一座丰碑。为了树立行业形象，公司系统而深入地开展企业文化建设。

二、三步创建文化，四层深入细化

公司高度重视企业文化建设，制定了具体的实施阶段目标与方案，将企业文化建设分为三步走。第一步，2008 年到 2009 年年中，短期目标是培养文化培训内部讲师；完成公司文化理念的学习与培训，使全体员工熟知公司的文化理念；完成相关制度的修订和完善，使之符合武进建安文化理念；完善公司文化传播网络；启动企业形象识别系统的提升工程。第二步，2009 年年中到 2010 年年底，中期目标是文化管理组织能有效运作，各种文化管理制度、流程健全；积累公司文化管理的培训、传播、考核、评估知识，提升系统知识库，建立人才梯队；各项文化理念和行为规范为广大员工所认可，成为自觉的行为准则；完成企业形象识别系统提升工程。第三步，从 2011 年起，长期目标是具备规范有效的公司文化管理的组织能力；企业文化成为管理者最主要的管理语言和管理手段；新的成员能够很快被优秀的文化所同化，并成为公司文化坚定的信仰者和传播者。

公司分四个层面创建企业文化：表层的企业物质文化，包括七项形象识别，分别是企业歌曲、口碑、媒体报道识别（SI）、衣、食、住、用识别；浅层的员工行为文化，包括四项行为识别，分别是育、乐、行、活的整体表现识别；中层的规范制度文化，包括六大系统识别，分别是战略规划、流程制度、组织架构、岗位职责、员工纪律、管理控制；核心层的理念价值文化，包括八大理念识别，分别是价值观、信念、使命、愿景、目标、战略、策略、管理要诀。

公司分三个步骤四个层面打造企业文化，深入推进相关工作，形成了系统的企业文化，在社会上树立了良好的企业形象，同行也纷纷学习效仿。

三、精准 VI 手册，规范视觉识别

在当前的企业文化创建工作中，最令武建集团公司每位成员自豪的是他们的表层文化。为了打造表层文化，公司推出《VI 视觉形象识别手册》，分为上册、中册、下册，从"基础与规范""策划与实施"两大部分规范企业的视觉系统。手册对企业形象标志的标准体、标准色、

企业文化管理
——校企协同育人创新实践探索

标准字体等以图例形式做出精确规定；同时，对工地外貌、围墙、现场办公室、会议室、门卫、现场标牌、项目部铭牌、工艺样板展示区、办公室门牌、生活临时建筑、机械设备、楼面形象、人员形象等均以图例的形式进行了规范。

这本手册不同于一般的 VI 手册，不是仅仅给出基础要素、应用要素的规范，还有更进一步的说明，比一般的 VI 手册更精细、更严格。以施工区的项目部道路为例，就分为项目部主干道、施工道路、人行便道三个部分。再以项目部主干道为例，下列实景图、效果图、项目部主干道平面图、项目部主干道剖面图、主干道路剖面路沿侧石节点详图、道路场地结合部落水构造详图，其中还有详细的"施工说明"。如此精细的 VI 手册，很是少见。由于企业文化创建工作卓有成效，许多同行前来参观学习，公司以无私的分享精神，向同行介绍经验，仅 2013 年就向同行赠送 2 000 套 VI 手册。

四、应用建筑信息模型（Building Information Modeling，简称 BIM）技术，直观展示项目

为了树立企业形象、提升管理水平，公司采用了 BIM 技术。BIM 技术是通过数字信息仿真模拟建筑物所具有的真实信息，以建筑工程项目的各项相关信息数据作为模型的基础，进行建筑模型的建立。这项应用于工程设计建造管理的数据化工具，除了为项目服务外，在提升企业形象方面也起到了重要的作用。

公司组建了一支技术团队，专门研究 BIM 可视化技术的实际应用，结合 3D Studio Max 三维动画渲染和制作软件，完成前期施工现场布图的虚拟演示及组织策划等。这样能对现场进行模拟和固化，引导施工前期工作，形成企业统一标准，提高工效，对项目所需资源进行合理估算，避免因准备不充分而造成的施工损失；能让员工对施工现场的准备及施工过程的重点有切身了解，避免沟通障碍，达成管理共识，为后续施工奠定基础；能让业主了解公司对项目策划的周全，感知公司的诚心与实力。

企业文化通过视觉系统展现文化，BIM 技术的应用已成为公司视觉系统中的重要组成。员工与业主等相关人群通过 BIM 技术的应用，可以非常直观地了解到项目，同时感受到企业做事的态度与水平。公司对 BIM 技术的应用处于行业领先，不少企业也前来取经学习。

公司围绕打造品牌企业，全方位树立行业形象的中心目标，分步骤

地创建企业文化，从四个层面富有成效地塑造了良好的企业形象。特别是在表层文化方面，通过设计精准的 VI 手册和采用先进的 BIM 技术，用严谨与科学的方式展现了企业形象。公司用更细、更准、更新的方式创建企业视觉形象系统，进一步提升了企业形象。

案例思考题

1. 武进建工集团的行业形象标准是什么？

2. 简述武进建工集团的企业文化建设的三步骤、四层次的主要内容。

3. 武进建工集团的企业文化对你有怎样的启发？

企业文化管理
——校企协同育人创新实践探索

第五章

企业文化与人本精神

2004 年 8 月，海尔集团董事局主席张瑞敏在上海举行的"哈佛亚洲商业会议"上演讲时说："20 年前我来到这家企业时，飞利浦在我脑海里是一个神，那时候我们是一个什么企业呢？只有 600 人的街道小厂，而且我当时工作的时候，有半年时间每个月到处借钱开工资。我进厂给工人制定的第一个规章制度，就是不准在车间里随地大小便。像飞利浦、诺基亚这样的超级大公司，你们会想到这些情况吗？"张瑞敏正是用西方无法理解的方式构建了今天的海尔文化。员工行为习惯的养成是企业文化最根本的表现，没有员工行为的改变，文化也不可能发生作用。所有成功的企业文化，都是员工的行为发挥了作用而显现出来的。

第一节
文化是纲、员工是体

企业要在各自的市场取得优异的绩效，需要借助于员工能力的充分发挥，让员工在自己的行动中渗透和表现公司的文化，形成顾客的忠诚度，顾客的忠诚度又是企业竞争力的最佳表现。

海尔的成功，让我们清晰地感受到企业文化的作用。但更重要的是，我们需要了解像海尔这样的公司，企业文化建设给员工带来了怎样的改变。我们分析认为，企业文化建设的关键就是统一行为习惯。形成共同的行为习惯有四点要求：共同的形象、共同的语言、共同的行动、共同的感觉。

一、共同的形象

统一员工的服装、工作场所的规划、公司的标识系统等，构成了企业对外的共同形象。很多时候人们不关心这些共同的东西，但正是共同的形象让员工与组织保持完全一致。相同的服装、公开的办公场所、员工一起用餐的餐厅，包括公司的标识系统、办公用具等，这些共同的形象会达成员工的共识。笔者曾经在教学中与职业学校的学生进行交流，问他们对学校里记忆最深刻的事物是什么，很多同学回答说：是统一的卧具和校服。共同的形象会让员工有融入集体的感觉。

二、共同的语言

西方有句谚语："世界上最近的距离和最远的距离都在舌头上。"说的就是语言的功效。优秀的企业文化会让员工不断谈论这样的话题：第一，诚实地了解顾客并追求顾客至上；第二，不强调职位的高低；第三，我们只有合伙人与伙伴；第四，我们不能依靠系统，而要依靠个人的能力来满足顾客的需求。总而言之，在企业中要谈论三个关键词：顾客、合作、解决问题。长期的坚持，员工就会形成顾客导向、相互合作、勇于承担责任、积极解决问题的企业文化和行为习惯。

三、共同的行为

谈及行为的统一，大家很容易联想到军队，无论吃饭、睡觉、训练乃至外出行走，都有完全一致的标准。正是这样的要求，形成了军队步调一致、行动迅速、执行力高效、战斗力强大的鲜明特色。通常情况下，我们可以把企业的行为归纳为六种：第一，会议的参与；第二，对于细节的注意；第三，个人关系和人际沟通；第四，危机的应对；第五，品质的标准；第六，劳资关系。这些都是企业的日常行为，这些行为的高标准和一致性造就了一个思想统一的团队。

四、共同的感觉

近几年在餐饮界，一匹"黑马"——"海底捞"迅速崛起，其运作的经验说明，给员工好的感觉有着非凡的意义。这家企业从员工的衣食住行开始，为员工提供良好的条件，这些受到良好关照的员工，内心萌发了自豪感和当家做主的责任心，从而激发出极大的工作热忱，真正把企业的发展当作自己的事业。当员工感觉到企业的礼遇，喜欢所在的企业，关心企业的发展时，员工已经形成对企业的共同感觉了。

文化不是口号，而是全体员工的信条和行为准则。文化理念作为行动先导，必须经过转化才能确保落实到行动上。因此，企业文化并不是"虚"的，而是非常"实"的，就是体现在上述四个方面：共同形象、共同语言、共同行为、共同感觉。企业要把企业文化通过"认同—领悟—渗透—行动—结果"五个步骤的转化，最终落实在行动上。

第二节
人本精神的文化分析

企业管理中，人本精神就是以人为本的管理，其实质是尊重人，使人得到全面发展，人尽其才、才尽其用，把人的智慧和才能全部发挥出来，从而使管理效益趋于最大化，达到组织管理的目的。如此才会实现社会经济发展的高速度，人民生活水平的高质量，组织人际关系的高和谐。

随着知识经济时代的发展，企业的经营管理正在发生着深刻的变化，企业中"人"的地位不断提高，企业开始要求员工更广泛、更积极地投入企业运作，并通过员工的不断学习和自身能力素质的提高，来达到企业繁荣和发展的目标。这种知识经济所倡导的管理模式，是一种"以人为本"的管理模式，也是企业发展的中介和依托。以人为本是科学发展观的本质和核心，是企业管理过程中必须遵守的重要理念。以人为本的管理就是要求企业在计划、安排、组织、实施生产的整个过程中应始终贯彻人性化、知识化的管理。

在联想集团的创始人柳传志看来，企业管理的三要素就是"搭班子、定战略、带队伍"，联想公司内部已经形成了"办公司就是育人"的管理理念。另外，从海尔的"我们现在唯一可怕的只是我们自己；领导者的任务不是发现人才而是建立一个可以出人才的机制"；长虹的"尊重每一个人，管理是管理者思维的管理，是管理者境界的管理，是管理者目标的管理"；TCL 的"企业的竞争就是管理理念的竞争、人才的竞争，要建立一个好企业，首先要练就一支好的队伍"等管理理念中，我们不难理解，越来越多的企业把"以人为本"作为自己的核心竞争力源泉。

一、人本精神在本质上是促进人全面发展的文化认同

正如荷兰皇家壳牌石油公司（Royal Dutch Shell PLC）的《工作守则》

所言："若在我公司工作的雇员都能得到良好的安全、环境的保障，人才能够得到充分展现的机会，每位雇员的成功、成就都会得到充分承认。"在企业内部，首先要树立"工作上有分工，职务上有高低，人格上要平等"的观念。它要求管理者尊重员工的人格和权利，理解每个职工的具体处境和个性，承认员工不同的性格、兴趣和爱好，满腔热情、诚恳宽厚地对待每一位员工，最大限度地开发人的潜力，调动人的积极性，在服从企业大局的前提下，鼓励人的自我实现。公司尊重人的价值，员工也就工作得开心、乐意，从而形成上下荣辱与共的信念，企业的经济效益自然也就大大地提高了。

二、企业领导者身体力行是企业文化的重要示范

日本松下电器的创始人松下幸之助曾说过："一位称职的管理者应该只做自己该做的事，不做下属该做的事。"在冷酷和没有人情味的企业环境中，下属拒绝承担责任，团队缺乏合力，个人竞争凌驾于团队合作之上。为了适应包含大量知识和服务因素的现代经济社会，领导者需要将本企业的文化身体力行，带动全局。

（1）正确把握言与行，应该做到"说"的同时也是"行"的开始；做你所说的，说你所做的。管理的实践是知与行的统一过程。

（2）以人为本，尊重下属。被尊重的下属能够在组织中找到自己存在的价值，从而发挥主观能动性和创造性，给企业带来更多的效益。

（3）关心职工，缩小差距。群众路线不仅是战争时代的宝贵经验，和平时代的经济建设、企业管理同样需要员工的智慧。

（4）加强自身学习，不断与时俱进。企业领导者如果故步自封，无疑会缩小企业的格局，不仅企业没有成长，员工也终将游离而去。

（5）注意公正公平。在组织的绩效考核、福利待遇方面，既要考虑到员工的个性化需求，也需要结合企业经营实际，争取做到"一碗水端平"。

三、打造以和谐管理为宗旨的企业文化氛围

和谐管理就是在企业领导班子成员之间、企业领导与员工之间、员工与员工之间建立和谐的人际关系，为企业管理创造良好的条件。从实施人性化管理的角度看，主要是建立企业领导与员工之间和谐的人际关系。

（1）畅通企业领导与员工之间的言路，使双方能就一些分歧问题无障

碍地进行沟通；对于关系到员工切身利益的晋升、培训、利益分配等问题，要坚持公正、公平、公开的原则，并考虑员工期望值与企业兑现值之间的平衡，提高员工的心理承受能力。

（2）加大对员工的感情投资，以理服人、与人为善，密切关注并及时化解各种不利于企业和谐发展的因素和矛盾，对员工的工作多一点表扬和鼓励，批评要讲究方式。

（3）在道德素质、业务水平、管理能力等方面充分展示企业领导的魅力，秉持"责己严，待人宽"的原则，使员工心悦诚服地接受领导的引领。

（4）营造良好的心理环境。例如，打造开放和谐的企业文化，创造心理健康教育的良好环境；请专家进行心理健康培训，优化员工心理素质；举行员工心理健康研讨会、交流会，以达到心灵沟通的效果；开展一些消除烦恼和减轻压力的文娱活动。

四、培养员工主人翁意识的企业文化理念

企业是人的集合，企业是由全体员工共同经营的。在一个企业里，如果每个员工都有一种"这是我们的公司"的意识，如果企业经营者把员工看作是同舟共济的"伙伴"并"以感恩的心创造和谐"，那么，这个企业一定是个成功的企业。第一，要把员工和企业融为一体，应该首先建立心灵沟通，领导以敏锐的观察力洞察员工的状态，根据其情绪的变化来设身处地地进行关怀和教育。最为重要的是帮助其调节情绪，让员工有一个好的心情投入到每天的工作中。再深入一些，就是帮助员工进行生活和工作的定位。第二，要用"员工激励法"对员工工作给予肯定，让员工满意。第三，应通过各种方式，让员工了解公司的目标和发生的种种问题。每一位员工和领导一样，都要积极思考并寻求解决问题的途径，企业不仅要鼓励员工为企业贡献劳动和智慧，而且要形成"千斤重担千人担，千人企业千人管"的管理格局。第四，启动与员工的心灵契约，与员工建立深厚的朋友关系，以诚相待，深厚的感情可以起到众志成城的效果。

五、与生态文化有机结合的企业文化形象

生态文化是一种新型的管理理论，它包括生态环境、生态伦理和生态道德，是人对解决人与自然关系问题的思想观点和心理的总和。生态文化

属于生态科学，主要研究人与自然的关系，体现的是生态精神。而企业文化则属于管理科学，主要研究人与人的关系，体现的是人文精神，但是本质上二者都属于一种发展观，运用系统观点和系统思维方法，从整体出发进行研究；二者都强调科学精神，从狭义角度来看，都是观念形态文化、心理文化，而且都以文化为引导手段，以持续发展为目标。企业文化发展的诸多方面需要以生态文化来与之相结合。这是因为，第一，大部分企业在企业文化建设过程中，重视了人的价值，却忽视了对周边环境的影响，为环境的恶化及末端治理付出了沉重的代价；第二，现代消费群更青睐于绿色产品，企业也想通过"绿色浪潮"提高产品的生态含量；第三，企业要实现可持续发展，"生态化"是其必由之路，生态文化融入企业文化后不仅可扩大企业文化的外延，而且有利于企业树立良好形象。

第三节

新员工如何融入企业文化

职场新人进入企业，过渡过程越短，与企业融合得越快，则发展得就越快。要缩短过渡的过程，除了需要企业做好入职教育外，主要靠新员工自己的努力。所以，进入职场之前，新员工要做好一些准备功课。

一、熟悉企业文化，了解现状

新人的第一次职场体验是相当重要的，它会使新人对职场产生一种固定印象，形成固定心理状态，从而影响到今后的职业心态和职业规划。所有后来产生的问题、症结都可以归结为员工对企业文化的不了解，员工对企业的了解程度最终决定了员工以什么样的形象出现在公司，用什么样的方式进行日常工作以及怎样与领导和同事们打交道。如果做个有心人，就能及早适应新环境，在未来的工作中游刃有余。所以，入职前要对企业作初步了解，入职后要尽快进入角色。

（1）了解行业的发展状况。了解所在企业从事的是支柱产业、高新技术产业还是面临转型升级的传统产业，新员工通过了解就可以知道几年后自己积累的工作经验对职业发展有什么帮助，如果转入相关行业，还需要补充哪些技能，或自己可以对哪些领域进行研究、谋求发展。新员工要在工作中不断关注行业评论，听取前辈们的观点，渐渐深化认识。

（2）关注企业的战略发展。了解所在企业是属于行业龙头，还是挑战者、追随者，抑或市场补充者。即使企业在规模、盈利、薪酬等各方面都不算最好，但是对于如一张白纸的新人来说，有足够的机会可以学习是最宝贵的。工作技能、企业规章制度、企业管理、上岗培训的知识积累，以及对职场礼仪、办公室政治等职场规则的学习，都是职场生存的重要基础。

（3）关注职业机会，熟悉企业内部的组织结构。了解企业有哪些部门，各个部门的职能、运作方式如何，自己所在部门在企业中的功能和地位，所在部门内同事的头衔和级别，企业的晋升机制等。对企业整体框架有了概念，新员工就能初步明确自己在公司的发展前景，从而争取主动、实施计划。在做好本职工作、积累职场经验的同时，还可以积极为下一份工作做准备，比如，了解心仪职业的职业定义和应该具备的职业技能、核心竞争力，利用空余时间提升自我。

（4）熟知工作程序和环境。与工作相关的人和事必须在最短的时间内熟悉；熟知自己的工作性质和工作任务，岗位有些什么要求，责任有多大，奖惩如何规定，必须牢记在心；熟悉企业的业务范围和与自己岗位有关的客户情况，这些方面的内容了解得越详细、清楚，对工作就越有帮助；了解前任在该岗位时的工作状况，这样就有一个比较，知道做到什么程度会受赏识，出什么差错会被炒鱿鱼。

如果员工认同该企业文化，就要使自己的价值观与企业倡导的价值观相吻合，以便进入企业后，自觉地把自己融入这个团队中，以企业文化来约束自己的行为，为企业尽职尽责。

二、扎得住根，立的正身

俗话说，良好的开端是成功的一半。作为职场新人首先要学会适应艰苦、紧张而又有节奏的企业基层生活。通常新员工缺少企业基层生活经历，可能不习惯一些制度、规定，这时，千万不要用老习惯去改变环境，而是要学会入乡随俗，适应新的环境。首先，要有自信。自信是职场新人首先要具备的。其次，做事要有耐性，要充分发挥自己的主观能动性和创造性，凡事要进行具体分析、具体对待，以脚踏实地的工作作风赢得同事的支持和信任。最后，就是要学会扎根基层。在一个行业准备好从基层做起，不断积累经验、提升能力，才有可能为今后的职业发展打下一个良好基础，形成一个有延续性的职业发展历程。对于职场新人来说，在企业里能够不断成长、不断学到新东西，是最重要的，即便将来遇到难以预测的情况，也能够以学习来的收获迎接新企业的挑选。

三、冷静思考，面对现实

年轻人容易将事情看得简单而理想化，在跨出校门之前，都对未来充满憧憬，初出校门的毕业生不能适应新环境，这大多与其事先对新岗位估计不足、想法不切实际有关。当他们按照这个过高的目标接触现实环境时，许多所谓的"现实所迫"让他们在初入职场时就走了弯路，以至于碰了壁还莫名其妙、不知所措，往往会产生一种失落感，感到处处不如意、事事不顺心。这类年轻人对自己的职业生涯规划大多呈现两种极端的态度：一种是职业生涯规划目标过于远大，另一种则是完全没有规划。因此，毕业生在踏上工作岗位后，要能够根据现实的环境调整自己的期望值和目标。

有些年轻人好高骛远、自命不凡，对有些事情不屑去做，总认为自己应该去做更大、更重要的事情，甚至一进企业就想身居要职，这是不现实的。不要自视清高，以为大材小用，或者短期内没达到自己的目标，就开始怀疑是否选错了单位。领导之所以不放手让你单独做大事，是因为他还不能肯定你是否具备应有的实力。抛开急功近利的想法，不要盲目地为追求高薪或其他眼前利益而不停地跳槽。能力的增长与职位的升迁有一个从量变到质变的过程，万万不可操之过急，要学会吃苦耐劳，更要戒骄戒躁，并适时盘算自己的未来。比如，明确自己的专业特点及发展方向，寻找新的工作平衡点，学会为自己减压等。作为初涉职场的新人，对自己有所期待固然是好事，但一定要有针对性地确立目标。时时别忘了你还处在试用期，企业最反感那些一上来就想当经理的新人。期待高薪高职没有错，但核心的问题是：你先要站好眼前的岗位，做好每项负责的工作，让你的老板发现你有做经理的潜质，有培养的价值，并让老板因为你的出色业绩而不断做出提升你的职位的决策，最后成为公司独当一面、挑大梁的人才。

四、调整心态，快乐自己

职场新人刚刚工作时最容易犯的一个错误就是心态不好，认为事事应该绝对公平，认为以自己的才能应该可以有一个更好的职位或薪水，这种心态是最要不得的。什么样的心态将决定我们什么样的生活，唯有心态放正了，你才会感觉到自己的存在，感受到生活与工作的快乐，才会认为自己所做的一切都是理所当然的。职场新人最需要的是以下几种心态：

（1）行动的心态。行动是最有说服力的，我们需要用行动去证明自己的存在，证明自己的价值。如果一切计划、一切目标、一切愿景都只停留在纸上，不去付诸行动，那计划就不能执行，目标就不能实现，愿景就是肥皂泡。

（2）给予的心态。没有给予，你就不可能索取。要索取，首先学会给予，给予我们的同事以关怀；给予我们的经销商以服务；给予消费者满足需求的产品。

（3）学习的心态。干到老，学到老。竞争在加剧，学习不但是一种心态，更应该是我们的一种生活方式。21世纪，实力和能力的打拼将愈加激烈，谁不学习，谁就不能提高，谁就不能创新，谁就会落后，同事、上级、客户、竞争对手都是老师；谁会学习，谁就会成功，学习增强了自己的竞争力，也增强了企业的竞争力。

（4）包容的心态。我们是为客户提供服务的，需要满足客户的需求，这就要求我们学会包容，用包容的心态，包容他人的不同喜好，包容别人的挑剔。你的同事也许与你有不同的喜好，有不同的做事风格，你也应该去包容。

五、提高情商，融洽关系

所谓情商（Emotional Quotient，简称EQ），是测定和描述人的情绪、情感的一种量化指标。情商理论的创始人彼得·萨洛维（Peter Salovey）和约翰·梅耶（John Mayer）教授在1996年把情商界定为：对情绪的知觉力、评估力、表达力、分析力、习得力、转换力、调节力，涵盖了自我情绪的控制调整能力、对人的亲和力、社会适应能力、人际关系的处理能力、对挫折的承受能力、自我了解程度以及对他人的理解与宽容，等等。美国成人教育学家卡耐基说："一个人的成功，只有15%是靠他的专业知识，而85%要靠他良好的人际关系和处世能力。"

每一个事业成功的人，无疑都具有较高的情商，只有以融洽的人际关系为基础才能实现职业人的价值。成功的情商要求具体如下：

（1）要能够及时了解别人的情绪，理解别人的感受，察觉别人真正的需要。这是具有良好情商的基本素质。只有敏感细致、见微知著，才有可能去理顺情绪、疏通思想、化解矛盾。

（2）要能营造和维系融洽的人际关系，能够适应别人的情绪。俗话说"千人千面"，工作决定了要与各种各样的人打交道，必须有结交各种人、团结各种人、与各种人交流的雅量。"海纳百川，有容乃大"，我们需要认知差异、接纳差异、包容差异。

做好入职前的准备，才能自信地开启崭新的人生之旅。

1. 形成企业员工的共同行为规范，要从哪些方面达成一致？
2. 阐述你对企业文化落实的五个步骤的理解。
3. 人本精神的本质是什么？
4. 什么是和谐管理？如何培养和谐的文化氛围？
5. 新员工进入企业如何扎得住根，立己正身？
6. 什么是情商？怎样锻炼提高情商？

案例分析

坚持"以人为本" 促进企业发展

中天钢铁集团坐落在长江三角洲中心地带，南依 312 国道，北枕沪宁铁路和沪宁高速公路，西临沿江高速公路，京杭大运河穿厂而过，交通便利。中天钢铁集团成立于 2001 年 9 月，历经 10 余年创业，现在总资产已达 500 亿元，年产钢能力突破 1 000 万吨，员工 1.5 万余名。该集团是常州首家超百亿企业，首家五星级企业，已连续 15 年荣列中国企

业500强，2019年，入选常州市武进区税收超千万企业名单。集团拥有西门子奥钢联、摩根、阿特拉斯、考克斯等国际先进装备，"钢铁研究总院——研究应用基地"、院士工作站和省级技术中心等科技创新平台，先后开发出以500兆、700兆高强度带肋钢筋为代表的一批高技术含量、高附加值产品。凭借优秀的产品品质和崇高的社会责任感，集团先后获得"全国钢铁工业先进集体""AAA级中国信用示范单位""江苏省AAA级重合同守信用企业""江苏省创新创造领航企业""江苏省先进单位"等荣誉称号。

中天钢铁集团近几年进入发展的快车道，这不仅是成绩，更是奇迹。集团之所以有如此迅猛的发展速度，归根结底是因为长期以来，该集团一直秉承"以人为本，发展共赢"的核心理念。在实践中，集团的生存和发展牢牢建立在全体员工积极创造企业价值、消化各种市场风险以及为自身利益努力工作的基础之上，确切地讲，保护了员工的利益，就是保护了企业的利益。员工是企业效益的创造者，必须坚持"发展企业与成就员工"的双赢方针，使员工在为企业创业、创新、发展做出贡献的同时，获得成就感、归属感，成为企业各类精英人才，让他们在精神、荣誉、职位、职称、薪酬、发展等方面得到相应的奖励，并在同行业中保持领先水平。

一、实行"以德为先，以效为重，凭能力上岗，按贡献分配"的招聘用人机制

"尊重知识、尊重人才"的精英人才工程，构筑了集团最富竞争力的人才高地；"事业留人、政策留人、待遇留人和情感留人"是集团的环境优势；"重用爱岗敬业，重奖突出贡献"是集团言行一致的量裁标准。要为才能出众、勇于创新、业绩卓著、善于攻关的科技人才脱颖而出创造有利条件。集团每年面向社会公开招聘，见习期员工工资 80 元一天，定岗后工资每月 3 500 元，与新员工签订正式劳动合同，缴纳"五险一金"，并提供工作餐补贴、带薪休假、节日费、高温费、带薪培训等；本科学历安排 4 人间住宿，硕士研究生学历安排双人间住宿；水、电全部免费使用，对首次在武进就业且工作满两年的本科毕业生，给予一次性住房补贴 12 000 元。除了以上的优厚待遇以外，集团还提供了很好的发展平台，表现优秀者，可以为集团留用，成为储备干部。

二、贯彻"尊重员工，换位思考，共赢发展，共享成果"的工作方针

中天钢铁集团坚持"以人为本、善待员工、换位思考"的工作方针，从 2001 年起，给每位员工每年的工资涨 15%。在 2006 年、2009 年和 2013 年，分别举行了 3 场大型职工相亲会，只要结婚，就奖励一户每平方米 7 000 多元人民币，共计 80 平方米的婚房，并给予优惠分配婚房、举办集体婚礼、安排家属就业等优惠政策，真正把爱心撒向全体员工，赢得了员工的赤胆忠心，构建出具有中天特色的和谐企业文化。除此以外，该集团还斥资 1.8 亿元打造新员工的生活区，配备中央空调以及新风系统、网络及煤气检测报警系统，浴室、餐饮、超市、洗衣中心等生活设施一应俱全。实施物业式统一管理，竭力为员工营造舒适良好的生活环境。集团高度重视员工的成长和发展，并将培训作为福利回馈给员工，无论是干部还是管理人员，无论是技术骨干还是新进厂的年轻员工，都能在完善的培训系统中提升，成就美好前程。

三、以"篮球"为载体凝聚人心

出于对篮球运动的热爱，中天钢铁集团董事长、总裁、党委书记董才平非常重视企业内部的职工体育运动，不仅出资建造了体育场，坚持每年举办职工运动会，还创办了篮球等 7 项联赛。篮球运动有着广泛的群众基础，从 CBA 联赛到各种国际赛事，都吸引着大批球迷的目光。董才平说："篮球是一项讲究配合和技巧的运动，不仅需要高超的球技，

更强调团队协作、科学分工、相互补位。创业就如同打球，在发展过程中，中天钢铁团结奋进、顽强拼搏，形成'团结可以战胜一切'的中天精神，与篮球运动的精髓一脉相承。这样既能推动企业文化建设，还能增强团队的凝聚力、战斗力。"在中天钢铁集团，篮球有着特殊的意义，不仅在内部传承了企业文化，还在外部宣扬了企业文化，中天钢铁篮球队早已远近闻名。

总之，实施"以人为本"的企业管理，是新时期市场经济条件下企业生存乃至实现可持续发展的关键所在。因此，在企业文化建设中，我们要以中天钢铁集团为楷模，坚持"以人为本"的准则，追求"以人为本、顾客至上、追求共赢"的企业文化理念。我们始终坚信：企业就是"人"，"人"才是企业最宝贵的财富。我们不但要充分尊重个人，给个人足够的成长空间和发展机会，同时要始终倡导"平等尊重、团队第一、诚信为本、追求卓越"的人本文化，这样才能使企业在竞争机制中立于不败之地，打造具有强大凝聚力和向心力的现代企业。

案例思考题

1. 中天钢铁集团有怎样的用人机制？
2. 中天钢铁集团"以人为本"的企业文化体现在哪些方面？
3. 谈谈你对中天钢铁集团冠名赞助篮球队和建造体育场的看法。

第六章

企业工匠精神与质量文化

工匠精神

2016年3月，国务院总理李克强在政府工作报告上首次提出"鼓励企业开展个性化定制、柔性化生产，培育精益求精的工匠精神，增品种、提品质、创品牌"，"工匠精神"一词一时间迅速占领了各类媒体的重要版面。

工匠精神是指工匠以极致的态度对自己的产品精雕细琢，精益求精，追求更完美的精神理念。工匠们喜欢不断雕琢自己的产品，不断改善自己的工艺，享受着产品在双手中升华的过程。工匠精神的目标是打造本行业最优质的产品，其他同行无法匹敌的卓越产品。

当今社会心浮气躁，追求"短、平、快"（投资少、周期短、见效快）带来的即时利益，从而忽略了产品的品质灵魂。因此企业需要工匠精神，才能在长期的竞争中获得成功。当其他企业热衷于"圈钱、做死某款产品、再出新品、再圈钱"的循环时，坚持"工匠精神"的企业，依靠信念、信仰，不断改进、完善产品，以高标准要求自己，最终成为众多用户的骄傲。无论成功与否，这个过程，他们的精神是完完全全的享受，是脱俗的，也是正面积极的。

一、工匠精神的起源

国内最早倡导"工匠精神"的是企业家聂圣哲（苏州德胜洋楼建设公司总裁），他在家乡皖南的县城里办学，为培养的木工毕业生授予匠士学位，正是来自于这种精神。随着国家产业战略和教育战略的调整，人们的求学观念、就业观念及单位的用人观念都会随之转变，"工匠精神"将成为普遍追求，除了"匠士"外，还会有更多的"士"脱颖而出。

聂圣哲在多种场合广泛呼吁："中国制造"是世界给予中国的最好礼物，要珍惜这个练兵的机会，决不能轻易丢失。"中国制造"熟能生巧了，就可以过渡到"中国精造"；"中国精造"稳定了，不怕没有"中国创造"。千万不要让"中国制造"还没有成熟就夭折了，路要一步一步走，人动化（手艺活）是自动化的基础与前提。要有工匠精神，从"匠心"到"匠魂"。一流工匠要从少年时期就开始培养，有些行业甚至要从 12 岁开始训练。要尽早恢复学徒制。中国的职业教育要学德国、日本这两个制造业高度发达而全民具有工匠精神的国家，而不是产业空心化严重的美国。

我国工匠源远流长，《诗经·国风·卫风》有云："有匪君子，如切如磋，如琢如磨。"以琢玉来喻君子，可知先秦的玉器匠人琢玉时的细致，以及人们对此的认可。在中华民族五千年的历史进程中，正是一代又一代的工匠孜孜不倦地追求"技道合一"，把对技艺的浸淫、对作品的虔敬、对人情的体察和对自然的敬畏，都以匠心之巧思，倾注于制作过程，才创造出了绚烂辉煌的中国古代科技文明。

现在我们从各类史料记载之中可以窥见古代工匠们一道道坚韧的剪影。早在 4 300 年之前，便出现了有史可载的工匠精神的萌芽。相传舜"陶河滨，河滨器皆不苦窳"，说的就是舜早年在河滨制陶时，追求精工细作，并以此带动周围人们制作陶器，同时杜绝粗制滥造的事迹。自舜帝时期开始，再到夏朝的"奚仲"，商朝的"傅说"，春秋战国的"庆"，工匠开始大量出现在史书之中，其演变历史也随着我国古代政治、文化、商业、科技等领域的发展而不断推进，由此形成了我国独特悠久的工匠文化和工匠精神。

"工匠"一词最早指的就是手工业者，他们在古代被称为"百工"，是社会成员之一。成书于春秋战国时期的《周礼·考工记》是我国已知年代最久远的手工业技术文献，这本书在中国工艺美术史、科技史和文化史上都有着举足轻重的地位，在当时的世界上也是独一无二的。全书共 7 100 余字，记述了春秋战国时期官营手工业中的木工、金工、皮革、染色、刮磨、陶瓷等六大类 30 个工种的内容，反映了当时我国所达到的科技及工艺水平。

《考工记》把当时的社会成员划分为"王公、大夫、百工、农夫、妇功、商旅"六大类，对百工的职责做了明确界定："审曲面势，以饬五材，以辨民器，谓之百工。"也就是说，工匠的职责是需要充分了解自然物材的形状和性能，对原材料进行辨别挑选，加工成各种器具供人使用，这种职业特性从本质上把工匠和那些"官各有职"的王公区别开来，工匠成为当时除巫职之外的一个重要的专业阶层。同时，《考工记》记载："知者创物，巧者述之，守之，世谓之工。百工之事，皆圣人之作也。"充分体现了早期的器具设计需要非凡的智慧。此外，历代中央政府机构除了农部外，通常会设有工部，这些都反映出我国古代对工匠的专业性、重要性和创造性的认知和重视。

1. 匠人的职责与考核

（1）技艺精湛是生存之本。工匠的首要职责就是造物，技艺是造物的前提，也是工匠存在的第一要素。如何使技艺达到熟练精巧，古代工匠们有着超乎寻常的，甚至可以说是近乎偏执的追求，他们对自己的每一件作品都力求尽善尽美，并为自己的优秀作品而深感骄傲和自豪，如果工匠任凭质量不好的作品流传到市面上，往往会被认为是他职业生涯最大的耻辱。

（2）心无旁骛才能臻于化境。古代工匠除了对自己的技艺要求严苛外，还对职业怀有一种绝对的专注和执着，达到忘我的境界，这也一直是我国古代工匠穷其一生努力追求的最高境界。

（3）物勒工名是管理之智，即对工匠考核的规范性。现在，我们开始在制造业中推进建立重要产品的追溯体系，其实我们的先辈早就采取了类似的管理制度。物勒工名，意思是工匠把自己的名字刻在其制作的器物上，是我国最早的对于工匠质量管理的规定，也可以视作我国古代的一种产品追溯办法。这种制度始于春秋时期，到秦朝时已经趋于完善，《礼记》中《月令篇》曾记载："物勒工名，以考其诚，工有不当，必行其罪，以究其情。"到《吕氏春秋》成书之时，对这种产品追溯办法又有了更具体和明确的记载。

2. 科举之外的升迁之道

（1）元代时期的北京城称为大都，其兴建历时二十余年，包括宫城、宫殿、皇城、都城、王府等工程的建造，先后从全国招募了大量的工匠，石匠杨琼是其中之一。据《曲阳历史名人录》记载：杨琼系今河北省曲阳县西羊平村人，出身于石工世家，其石雕技艺"每自出新意，天巧层出，人莫能及焉"。杨琼曾率领上千石匠参加上都（今内蒙古正蓝旗上都镇）和大都的营建，他所设计的石质构件在雕刻技法上多采用平雕、浮雕、镂雕等工艺，不管是神像、飞龙、舞凤、人物肖像，还是飞禽、走兽、山水等，结构严谨，造型优美，形象逼真。忽必烈看到他雕琢的石刻后大为赞许，封其为"弘农君伯侯"，官居三品。

（2）明永乐元年（1403年）朱棣当了皇帝后，升"北平"为"北京"，又于永乐四年（1406 年）下诏，于翌年营建宫城、坛庙。但因连年战乱，明王朝经济负担过重，无力马上动工兴建，直到永乐十五年（1417年）北京城才正式营建。在全国各地数以万计的工匠中，以苏州"香山帮"最为知名。《苏州香山帮建筑》记载：苏州香山位于太湖之滨，自古出建筑工匠，擅长复杂精细的中国传统建筑技术，人称"香山帮匠人"，有"江南木工巧匠皆出于香山"之说。"香山帮"中以木匠蒯祥的技术最为精湛，被称为"香山帮鼻祖"。蒯祥为江苏吴县（今苏州市吴中区和相城区）人，自幼随父学艺，《明实录宪宗实录》称其"以木工起隶工部，精于工艺。自正统以来，凡百营造，（蒯）祥无不预"。蒯祥精通尺度计算，在每项工程施工前都进行精确的计算，竣工之后，位置、距离、大小尺寸都与设计图分毫不差。紫禁城开始修建后，蒯祥担任"营缮所丞"（负责工程设计与施工）。紫禁城的布局，多出于他的巧妙设计。明永乐十八年（1420 年），承天门建筑完工后，蒯祥受到众口一词的赞扬，被誉为"蒯鲁班"。之后，蒯祥官升至工部左侍郎，授二品官。

（3）清代修建宫殿园囿，"样式雷"被康熙任命为"钦工处掌案"。清顺治元年（1644 年）定都北京后，沿用了明朝的北京城，自康熙朝开始便大规模修建宫殿、园林、坛庙、陵寝等。内务府营造司设有样房（样式房），专职负责建筑设计事务（设计图纸和制作模型等），与算房（负责应用供料估算的部门）合作编制相关《工程做法》，和各承包商及工头联络并指导现场施工等，故有"样式房之差，五行八作之首"之说。从康熙年间至清末，样式房的"掌案"之职，一直由被世人尊称为"样式雷"的雷氏家族担任，而且其六代传人都曾受到朝廷的褒奖。

"样式雷"祖籍江西永修，其鼻祖是雷发达。康熙年间，雷发达参与故宫三大殿（太和殿、中和殿、保和殿）的修建工作。继雷发达之后，雷氏子孙六代包括雷金玉、雷家玺、雷家玮、雷家瑞、雷思起、雷廷昌等，在长达 200 年的时间里主管样式房的建筑事务。而最为人们所称道的是"烫样"技术，即建筑物的小样设计制作，也就是按一定比例先制作建筑物模型进呈内廷，以供审定。"烫样"审定后方可依此施工。在"样式雷"家族中，名气最大、最受朝廷赏识的是第二代的雷金玉。他因在修建畅春园时崭露头角，得到康熙皇帝的赏识，赢得内务府"钦工处样式房掌案"之职，"赏七品官，食七品俸"。雍正六年（1728 年），雷金玉七十大寿，雍正皇帝命皇太子弘历，即后来的乾隆皇帝书写了"古稀"匾额作为寿礼，并赐油碌蟒袍一件。转年，雷金玉去世，清廷恩赏盘费一百余金，奉旨驰驿，归葬原籍。

中华文明辉煌璀璨，在很长一段历史时期内，世界各国人民一直尊崇中华文明，掀起了经久不衰的"东方热"。除了中华文化本身博大精深之外，最直观的莫过于那些令人惊叹、精美冠绝的中国器物，我国的丝绸、瓷器、茶叶、漆器、金银器等产品曾是世界各国王宫贵族和富裕阶层最受追捧的宠儿。天工开物，随物赋形。我国古代工匠把自己的一生奉献给了一门职业，执着于一件技艺，发挥出自己的聪明才智，这种精神附着于精美绝伦的作品，世代相传，不仅是中华民族宝贵的物质财富，也给中华文明烙下了不可磨灭的文化烙印。

二、工匠精神的传授与发展

香奈儿首席鞋匠马萨罗被问及技艺的传承，他说："一切手工技艺，皆由口传心授。"工匠在传授手艺的同时，也传递了耐心、专注、坚持的精神，这是一切手工匠人所必须具备的特质。这种特质的培养，只能依赖于人与人的情感交流和行为感染，是现代的大工业的组织制度与操作流程无法承载的。"工匠精神"的传承，无法以文字记录，以程序指引，只能依靠言传身教，它体现了旧时代师徒制度与家族传承的历史价值。

曾经，工匠是一个中国老百姓日常生活须臾不可缺少的职业，木匠、铜匠、铁匠、石匠、篾匠等各类手工匠人用他们精湛的技艺为传统生活景图定下底色。随着农耕时代结束，社会进入后工业时代，一些与现代生活不相适应的老手艺、老工匠逐渐淡出日常生活，但工匠精神永不过时。

新时代的"工匠精神"的基本内涵，包括爱岗敬业的职业精神、精益求精的品质精神、协作共进的团队精神、追求卓越的创新精神这四个方面。其中，爱岗敬业的职业精神是根本，精益求精的品质精神是核心，协作共进的团队精神是要义，追求卓越的创新精神是灵魂。

工匠精神是社会文明进步的重要尺度，是中国制造前行的精神源泉，是企业竞争发展的品牌资本，是员工个人成长的道德指引。工匠精神就是追求卓越的创造精神、精益求精的品质精神、用户至上的服务精神。传承和发扬工匠精神，则需要关注以下四个方面：

（1）敬业。敬业是从业者基于对职业的敬畏和热爱而产生的一种全身心投入的认认真真、尽职尽责的职业精神状态。中华民族历来有"敬业乐群""忠于职守"的传统，敬业是中国人的传统美德，也是当今社会主义核心价值观的基本要求之一。早在春秋时期，孔子就主张人在一生中始终要"执事敬""事思敬""修己以敬"。"执事敬"，是指行事要严肃认真不怠慢；"事思敬"，是指临事要专心致志不懈怠；"修己以敬"，是指加强自身修养保持恭敬谦逊的态度。

（2）精益。精益就是精益求精，是从业者对每件产品、每道工序都凝神聚力、精益求精、追求极致的职业品质。所谓精益求精，是指已经做得很好了，还要求做得更好，"即使做一颗螺丝钉也要做到最好"。正如老子所说，"天下大事，必作于细"。能基业长青的企业，无不是精益求精才获得成功的。

（3）专注。专注就是内心笃定而着眼于细节的执着、坚持的精神，这是一切"大国工匠"所必须具备的精神特质。从古今中外的工匠实践经验来看，工匠精神都意味着一种执着，即一种几十年如一日的坚持与韧性。"术业有专攻"，一旦选定行业，就一门心思扎根下去，心无旁骛，在一个细分产品上不断积累优势，在各自领域成为"领头羊"。在中国早就有"艺痴者技必良"的说法，如《庄子》中记载的游刃有余的"庖丁解牛"、《核舟记》中记载的奇巧人王叔远等。

（4）创新。"工匠精神"还包括追求突破、追求革新的创新内蕴。古往今来，热衷于创新和发明的工匠们一直是世界科技进步的重要推动力量。新中国成立初期，我国涌现出一大批优秀的工匠，如原北京永定机械厂的麻花钻大王倪志福（后来担任过全国总工会主席、全国人大常委会副委员长）、发明"经纱工作法"的原青岛国棉六厂女工郝建秀等，他们都为社会主义建设事业做出了突出贡献。改革开放以来，"汉字激光照排系统之父"王选、"中国第一、全球第二的充电电池制造商"王传福、从事高铁研制生产的铁路工人和从事特高压、智能电网研究运行的电力工人等都是"工匠精神"的优秀传承者，他们让中国创新重新影响了世界。

三、工匠精神的现实意义与当代价值

古语云："玉不琢，不成器。"工匠精神不仅体现在对产品精心打造、精工制作的理念和追求上，更是要不断吸收最前沿的技术，创造出新成果。

工匠精神是自古以来就有的，它是一种精致化生产的要求，对农业生产同样适用。对农业生产来讲，实际上就是从源头保证食品安全，从种植开始，原料、化肥、土壤等要保证安全，还有就是它的品质和质量，这里也需要工匠精神。工匠精神落在个人层面，就是认真精神、敬业精神。其核心在于：不仅仅把工作当作赚钱养家糊口的工具，而是树立起对职业敬畏、对工作执着、对产品负责的态度，极度注重细节，不断追求完美和极致，给客户无可挑剔的体验。将一丝不苟、精益求精的工匠精神融入每一个环节，做出打动人心的一流产品。与工匠精神相对的，则是"差不多精神"——满足于90%，差不多就行了，而不追求100%。中国制造业存在大而不强、产品档次整体不高、自主创新能力较弱等现象，多少与工匠精神稀缺、"差不多精神"有关。

工匠精神落在企业家层面，可以认为是企业家精神。具体而言，表现在几个方面：第一，创新是企业家精神的内核。企业家通过从产品创新到技术创新、市场创新、组织形式创新等全面创新，从创新中寻找新的商业机会，在获得创新红利之后，继续投入、促进创新，形成良性循环。第二，敬业是企业家精神的动力。有了敬业精神，企业家才会有将全身心投入到企业中的不竭动力，才能够把创新当作自己的使命，才能使产品、企业拥有竞争力。第三，执着是企业家精神的底色。改革开放40多年来，我国涌现出大批有胆有识、有工匠精神的企业家，但也有一些企业家缺乏企业家精神。可以说，企业家精神的下滑，才是经济发展的隐忧所在。

在如今的科技时代，"工匠"似乎远离我们而去。但是，实现中华民族伟大复兴的中国梦，不仅需要大批科学技术专家，同时也需要千千万万的能工巧匠。更为重要的是，"工匠精神"作为一种优秀的职业道德文化，它的传承和发展契合了时代发展的需要，其重要的时代价值与广泛的社会意义表现在以下几个方面：

1. 工匠精神是社会文明进步的重要尺度

要实现中华民族伟大复兴的中国梦，物质财富要极大丰富，精神财富也要极大丰富，只有物质文明建设和精神文明建设都搞好，国家物质力量和精神力量都增强，全国各族人民的物质生活和精神生活都得到改善，中国特色社会主义事业才能顺利向前推进。也就是说，物质文明与精神文明是推动社会文明进步的"两个轮子"，是实现中华民族伟大复兴中国梦的"一双翅膀"，二者缺一不可。事实上，"工匠精神"的发育程度，同一个社会的物质文明、精神文明的进步程度都有着直接关联。从精神文明来看，"工匠精神"作为一种职业精神，在本质上它是同社会主义核心价值观特别是同其中的"敬业""诚信"要求高度契合的。从物质文明来看，"工匠精神"在物质文明的创造过程中可以发挥强大的精神动力及智力支持作用。

2. 中国制造前行的精神源泉

经过改革开放40多年的发展，我国早已成为世界第一制造业大国。尽管我们成了"世界工厂",在世界各地随处可见贴着"MADE IN CHINA"标签的产品,大到汽车、电器制造,小到制笔、制鞋,国内许多产业的规模居于世界前列,但这里面却依然缺少真正拥有知识产权和中国创造的东西。为实现从全球制造大国到制造强国的跨越,2015 年 5 月 8 日国务院正式印发《中国制造 2025》,提出了中国政府实施制造强国战略第一个十年的行动纲领。中国要迎头赶上世界制造强国,成功实现《中国制造 2025》的战略目标,就必须在全社会大力弘扬以"工匠精神"为核心的职业精神。只有当敬业、精益、专注、创新的"工匠精神"融入生产、设计、经营的每一个环节,实现由"重量"到"重质"的突围,中国制造才能赢得未来。

3. 企业竞争发展的品牌资本

随着市场经济特别是知识经济的到来,现代经济越来越呈现为一种品牌经济。在现代市场经济视域下,作为知识资本形态的品牌形象也是一种可经营的企业资本,是一种潜在的、无形的、动态的,能够带来价值增值的价值,是传统的会计体系反映不了的无形资本。塑造良好的品牌形象,有效开发、经营品牌资本,是企业参与市场竞争、占领市场制高点的重要手段。事实上,"工匠精神"在企业品牌形象塑造和品牌资本创造过程中具有十分重要的作用。"工匠精神"也是企业品牌内涵的重要体现,也是企业品牌知名度、美誉度及顾客忠诚度培育的有效途径,更是企业品牌资本价值增值的重要来源。其实,中华老字号"全聚德烤鸭"能够驰名世界,也是得益于其"食不厌精、脍不厌细"的"工匠精神"。

4. 员工个人成长的道德指引

尊重员工的价值、启迪员工的智慧、实现员工的发展,不仅是员工个人成长的强烈需求,同时也是现代企业的责任和使命。而"工匠精神"作为一种职业精神,是企业员工提升个人精神追求、完善个人职业素养、实现个人成长进步的重要道德指引。

美国旅馆业巨头康拉德·希尔顿年轻时有过在酒店打工的经历。最初,上司安排他打扫卫生,刷马桶是其中的必要环节。希尔顿对这份工作不满意,对待工作很懈怠。有一天,一位年龄稍长的女同事见他刷的马桶很不干净,就亲自为他做示范,并告诉他,自己刷完的马桶,是有信心从里面舀水喝的。这件事对年轻的希尔顿触动很大。从此他一改对工作的懈怠应付,逐渐树立起踏实认真、一丝不苟的职业精神。后来,希尔顿拥有了自己的酒店,并在行业内独树一帜。回顾他的成功之路,不难发现,他年轻时所遭遇到的"喝马桶水"的职业精神教育这一课,是他成长、成

企业文化管理
——校企协同育人创新实践探索

才、成功的重要精神财富。事实上，企业员工所具有的高尚职业操守和强烈"工匠精神"，同拥有较高专业知识技能一样，是其自身立足职场的重要条件和在未来职业生涯中脱颖而出的制胜法宝。

随着经济结构的不断调整，我国正在由传统的"中国制造"向"中国智造"转变，除了广大劳动者的辛勤付出之外，工匠精神中蕴含的创造力也是推动产业结构优化升级的重要因素。我国经济已由高速增长阶段转向高质量发展阶段，正处在转变发展方式、优化经济结构、转换增长动力的攻关期。工匠精神中所蕴含的创造力，对于增强我国经济创新力和竞争力具有重要推动作用。

工匠精神是弘扬社会主义核心价值观、引领社会风气的重要推动力量。社会主义核心价值观是当代中国精神的集中体现，凝结着全体人民共同的价值追求。工匠精神所蕴含的创造性思维对国家层面的价值观培育具有积极现实意义。工匠精神体现出的价值内涵与核心价值观相一致，是精神文明建设的重要内容。真正的工匠体现出的工匠精神，表现在对待工作精益求精、不墨守成规上，表现在不断以新技术创造新工艺，不断超越自我来实现社会价值上。精益求精的工作态度是工匠的生存之本，是工匠职业操守的基石。这种工作态度对社会主义核心价值观的培养、社会良好风气的养成具有积极推动作用。要使工匠精神的价值取向与社会主义核心价值观保持一致，需要我们以创造性的思维、精益求精的态度，在工作中不断凝练、升华工匠精神。

2015年，中央电视台推出八集纪录片《大国工匠》，介绍了不同工作战线的八位普通劳动者，这些劳动者在工作中所展现出的工匠精神令人敬佩，他们用自己真实的劳动过程展现了他们的社会责任感和职业道德，诠释了真正的工匠精神。在当代，培养全社会的工匠精神并非易事，需要每一位劳动者排除杂念、专心调动自己的智慧，在实际工作中有所作为。

工匠精神启发人们不断提高自身修养，志存高远，脚踏实地。在市场经济快速发展，物欲不断膨胀的当今社会，"大国工匠"要摒弃浮躁，要耐得住寂寞，专心执着沉浸在工作中，实现社会价值和自我价值的高度统一。广大劳动者要积极进取、专心工作，从创作中体验愉悦感和获得感，一个全身心投入创作的过程，也是激发工作热情的过程，在这个过程中可以产生更多创新灵感。

四、工匠精神的培育途径

如今全社会已经形成了一个强烈共识，这就是在中国必须加强、加快对"工匠精神"的培育。那么，其路径何在呢？

1. 必须形成良好的社会氛围

在全社会形成尊重工匠、崇尚"工匠精神"的良好社会氛围，是培育和弘扬"工匠精神"的必要条件。在我国文化传统里，工匠在古代等级社会中一直处于社会下层，在职业"士农工商"的排名中，工匠往往不入统治者的"法眼"而被归为"三教九流"。唐宋以后，手工业者身份地位有所提高，但封建王朝依然奉行"重农抑商"的基本国策，将工商业视为末业，对工商业者进行压制。元代又开始执行严格的"匠户"户籍制度，对工匠进行种种限制和奴役，使工匠一直难以获得与普通劳动者平等的社会地位。特别是儒家主流思想向来强调君子应该修齐治平，不为物役。而当代中国虽早已是世界工厂，但社会和企业依然缺乏对工匠和"工匠精神"的重视和尊重。

在全社会形成尊重工匠、崇尚"工匠精神"的氛围，其实质是对劳动、知识和创造的尊重。这既是培育和弘扬"工匠精神"的必要条件，也是社会文明进步的重要表征。工匠也是人才，工匠的技能也是知识，尊重工匠也就是尊重知识，尊重人才。从国家层面上讲，应制定相应的政策，比如工资、职称等政策，提高工匠的相关待遇和地位，以激励更多的人加入工匠队伍，学习和发扬工匠精神。

2. 必须建立畅通的职业培养机制

有资料表明，我国制造业生产一线技工特别是具有"工匠精神"的高级技能型人才的短缺，已经成为制约我国成为制造业强国的瓶颈。那么，如何才能建立畅通的技能型人才职业培养机制呢？首先要深化现代职业教育改革。也就是要以改革的思路，加快发展与技术进步和社会需求相适应、产教学同"工匠精神"深度融合的现代职业教育，培养数以亿计的工程师、高级技工和高素质职业人才。其次要继承古代"师徒制"教育传统的优秀之处。古代流行的中国师徒制度和西方行会的学徒制，采取的都是一种"心传身授"的默会教学方式，学徒都是在实践中不断磨炼技艺，体验并形成精雕细琢、精益求精、严谨专注的职业精神。特别是，"师徒制"中形成的"亲师合一"关系，注重"手把手""一对一"的言传身教，有利于那些非物质传统技艺的传授和"工匠精神"的养成。再次就是实行国家工匠技能认证制度，也就是在加强现行职业教育法规执行力度的同时，借鉴德国职业教育举行国家考试制度，全面实行工匠职业从业资格考试制度和工匠技能等级认证制度，不断提高职业资格水准和职业荣誉感。

3. 必须融入企业文化建设

企业文化是指企业在长期的生产经营管理实践中形成的具有本企业特色并为全企业所认同和遵循的价值理念、共同信念、经营思想、道德准则与行为规范的总和。显然，以"工匠精神"为核心的工匠文化是企业文化建设必不可少的组成部分。正如《周易》所言："观乎人文以化成天下。"文化价值来自于"人化"的过程，同时又必须回归于"化人"的过程。无疑，"工匠精神"中蕴涵的巨大力量，也需要通过融入企业文化建设而得到发扬光大，并使之在滋养员工精神、推动企业发展中得到验证和释放。

4. 必须建立激励保障制度

建立科学有效的激励保障制度是"工匠精神"得以延传和发扬不可或缺的重要措施。其一，要建立传统工匠技艺知识产权保护制度。针对传统工匠"传内不传外、传儿不传女、传大不传小"的现象，通过运用法律、制度等形式加强与工匠相关的知识产权、技术专利的保护工作，最大限度地保护传统工匠的合法权益不受侵害。其二，要建立濒临失传的传统工匠技艺抢救制度。要建立专项基金，对那些濒临失传断代的民间传统技艺实施抢救性保护，抢救挖掘那些濒于失传的独门绝技，请大师名匠著书立说或为他们撰写人物志和传记，发扬光大传统技艺和"工匠精神"。其三，要建立优秀民间传统技艺表彰奖励制度。可借鉴当今建筑界"鲁班奖"、工艺美术界"金奖""银奖"形式，对技艺界的精品、优品实行专项奖励制度，以此树立标杆鼓励赶超。同时，对于那些德艺双馨的工匠大师、技师要授予相应的荣誉称号，并不断提高他们的薪酬待遇。其四，要建立名品优品特品甄别追究制度。为增加工匠的责任心和荣誉感，可借鉴古代社会"物勒其名"的办法，利用条形码、二维码等现代网络技术手段，对工匠、技师的每一件作品或产品实行甄别认证，既保障他们的著作权，让他们"扬名立万"，又对他们实行终身责任追究，以此强化"工匠精神"的建设。

一、质量文化的定义

质量文化（Quality Culture）是指企业在生产经营活动中所形成的质量意识、质量精神、质量行为、质量价值观、质量形象及企业所提供的产品或服务质量等的总和。质量文化分为物质、行为、制度及道德四个层面的内容，企业质量文化是企业文化的核心，而企业文化又是社会文化的重要组成部分。企业质量文化的形成和发展反映了企业文化乃至社会文化的成熟程度。质量文化的培育和建设是一个艰难的长期过程，需要从社会、文化、法律、社会心理等多角度去努力研究和探索。

群体共有的基本价值观念正是群体行为模式和实践活动的长期积累的结果或效应——由此可以说，质量文化的形成与发展正是人类自 20 世纪以来的质量实践活动的自然结果。作为人类社会的基本实践活动之一，质量实践活动是伴随着工业文明的脚步共同成长起来的。如今，从乡村旅馆到皇家大酒店，从米老鼠到航天飞机，从街道小院到联合国大厦，质量实践活动已经从最初的工业领域渗透到人类社会生活的方方面面。从纯技术的范畴看，质量实践体现为确保实体（可以觉察或想象到的任何事物）与需要和期望有关的性质得到持续满足的完整过程，包括两个基本的方面：一是满足既定的需要和期望，二是满足需要和期望的能力的持续改进。随着质量实践活动的不断积累，质量实践逐步超越了其纯技术的范畴而演变为一种文化现象——质量文化。

从企业质量文化的含义来看，企业文化通常是指企业内大多数成员的共同价值观和行为模式，它体现为企业全体员工所普遍接受和共同遵循的理想追求、价值观念和行为准则。从范畴上看，企业文化研究的重点是塑造企业的核心价值观念，它可能是质量取向的，也可能是非质量取向的，其着眼点是组织层次，而质量文化研究的重点是国家或地区范围内的质量文化建设，其着眼点包括组织层次、地区经济层次或国家经济层次。

二、质量文化的发展历程

汉朝以来，在举世闻名的"丝绸之路"和"瓷器之路"上，中国人依靠淳朴厚道的技术工艺和极高的生产品质，让丝绸和瓷器成为民族最荣耀的产品，开启了世界经济贸易的征途；隋朝工匠李春建造的安济桥，在千余年自然风化与人为磨损之后，如今的赵县人民仍在享用它伟大智慧的恩泽；在镇江出土的战国曾侯乙的墓葬中，两千多年前的青铜器，其设计水平和制作技法，让现代人叹为观止；军事方面，古代人民建造了坚不可摧的万里长城；艺术方面，古代金匠制作了工艺极其复杂且是中西技术结合的景泰蓝，这是对国外技术吸收创新的典范。凡此种种，不胜枚举。

古代中国人的确创造了大量堪称中华文明标志的器物，使得古代中国在外交、外贸事务上始终处于优势地位，让我们现代人深感不及。古人虽无明确的质量观念，但其创造的质量水平之高，值得今人学习和赞颂。那么，现代人处于新时期初步形成的质量意识的框架下，为何又常常受制于低水平模仿的思维，并对生产劣等商品乐此不疲呢？

实际上，我们讲的质量文化并不限指产品的质量，还有生活质量、教育质量、创新质量、民生质量、环境质量等。质量意识是对人类社会的全面关照，且都是相互联系、相辅相成的。现代社会中，生活方式急剧变化，时代更替的节奏加速，人们沉浸于具体事务中，忙碌于竞争和被竞争的追逐，情绪变得浮躁，立场不再坚定，开始淡视事物的本质内涵和人生的终极目标，对事物表面价值的注意力超过了事物的品质，甚至在经济利益的纵容下，背叛了道义。

在应对质量的问题上（多指生产领域的质量），我国逐步建立了各级监督、管理与执法部门，制定了标准化、检验、计量、统计等系统的控制流程，发展了各种舆论载体，完善了突发事件的应急措施。近年来在国内、国际（特别是食品、玩具类产品）市场的突发性质量事件的处理上，已经显现出这个体系的优势，处理成果显著。但同时，我们也深深地感觉到：在短期内尚不能够有效避免恶性质量事件，存在的隐患远大于防范措施。所以，就不单是监管和控制就能做到的了，还需要文化的力量去影响整个社会、整个民族，建立好全社会的质量文化，从根本上提高民族质量观念的自觉性。过去，我们在这方面花的心思和开展的行动太少了。

自古而今，中国人的世界观里，一直有几种观念没有完好地建构，或者说没有促成建构这些意识形态的物质条件。例如，质量观念、形式化审美、公共空间意识等，质量观念是民族精神结构中尚未发育成熟的主要单元。质量意识的发生不一定发源于商品生产，但它主要是针对商品生产的。严格地说，中华民族的质量观，应当是我国出现社会化大生产之后，近百年内才真正发展起来的。从先秦诸子时代到鸦片战争前，中国古代哲学虽然显现出对质量意识萌生的启发，如老存仁堂的中药管理、北京烤鸭精湛的工艺管理，但古代中国的商业不发达，长期的农耕文明造就了自给自足的经济形态和生活方式，儒、释、道三大思想体系嫁接到封建政治意识中，时刻制约着集中化、规模化商品生产的发生。在这样一个漫长的发展历程中，没有庞大的内需，没有长距离的流通，没有大量的商品交换，甚至有些时期因战争而大大地降低了人的生存底线——连生命质量都难以保障，自然没有促动质量观念产生的社会现实基础的发展。

质量意识已成为社会主义核心价值观的显性部分，是中国社会历史自然发展的结果。很多人并没有理解这个重要的因素，一味地进行东西方文化的感性比较和浅显的批判，不从积极的态度去提高全民质量意识观念，简单地归罪于道德问题和管理，是值得那些"反思者"再次反思的。随着对外开放的深入，市场经济价值观使中国人的心智结构发生了微妙变化。当社会主流意识承认以经济目标为价值实现的终极标准后，我们的生活、教育、情感都在朝着这一目标运动着，趋同着，有时连文化、道德都成为经济的附庸，法律也被置于其次。一时间，一股以"是非不重要，真假无所谓"等观念为代表的社会风气酝酿并发展起来。到今天，由此引发的大量的问题陆续露出水面，并普遍化了。这样的问题就要由质量文化来解决。

发展一个国家的生产力，可以在几十年内迅速完成，而完善一个民族核心的文化性格，却需要几代人通过数百年的时间共同努力。同样，质量文化建设也要比完善质量立法艰难得多。中国质量文化问题的实质是，改革开放获得了巨大的成功并创造了丰富的物质文明，但文化却没有跟上经济的节奏，并在出现问题后没能给予必要的回答。

通过文化建设改善质量问题是漫长的，也是根本性的。只有质量文化的良好发展，才能保障社会主义市场经济和社会生活的健康运转。我们要坚定信心，认真务实地面对这个很多人看似"熟悉而又陌生"的社会，深刻地理解社会中的古今问题、中外问题、经济与文化问题，科学地解释问题和解决问题，坚持协调好继承和创新、经济和文化、道德与法制等对立关系的发展步调，社会必有大和谐之氛围。

在市场经济条件下，组织、企业的质量文化建设是一个系统工程，主要着重于对所在组织的质量管理体系、制度、机制的建立和完善，具体而言包括质量管理体系的总体要求、合理的质量计划、健全的质量管理制度、可行的质量管理工具方法、对质量管理结果的统计分析等；还包括对组织人员的要求，对相关人员的能力培训，以及组织所有人员建立关于质量和质量管理的理念与价值观、习惯与行为模式。

培养一个组织、一个企业的质量文化，对组织或企业的人员有以下要求：一是能力的要求，包括对体系和计划的理解，对方法和工具掌握的熟练程度等，组织企业中的每一名人员都要充分理解质量管理体系的内容及相关制度规范的要求，并熟练掌握相应的质量管理工具、方法；二是态度的要求，即每一名参与者都要重视、尊重并乐于接受质量管理体系的各项制度、规范及要求，每一名参与者都愿意并积极努力在自己的认知和能力范围内，尽最大能力做好本岗位的工作，尽最大努力履行好本岗位的职责。

当前我国建设质量强国，学术界应该将中国优秀组织的质量文化进行研究和整合，不断提升我国质量文化的自信力，并建立中国特色的质量文化。首先，政府应通过中国质量奖和各级政府奖，激励各种组织和企业积极培育质量文化，重视将质量作为战略融入企业和组织的经营管理过程，鼓励企业和组织积极开展质量文化的各种活动，使质量文化建设成为组织和企业的自觉行为。其次，要让组织和企业认识到建立合理的质量文化制度的重要性，并鼓励组织和企业建立常规化的制度，在具体实施中，应制定和执行质量文化行为手册与准则，让组织和企业的质量文化不仅深入每个人的心中，还要落实到具体的行动之中。最后，通过弘扬优秀的组织和企业的质量文化，引领和提升全国各类组织与企业的质量文化素质，带动全国不同领域的组织和企业都重视质量文化建设。

三、质量文化的特征

质量文化作为一种与现代工业文明密切相关的文化现象，有其自身独特的结构化特征。通过对质量文化的结构化特征进行细致的分析和研究，可以为质量文化的定性评价与定量度量建立一个基本的框架或机制。

从时间的横断面上看，质量文化的结构化特征由其物质层面、行为层面、制度层面和道德层面构成，这四个层面按照从低到高的顺序共同组成了质量文化金字塔，与文化变革的抗性特征相一致，质量文化变革的抗性特征从物质层面到道德层面逐渐增强。其中，物质层面和行为层面具有较高的易觉察性，属于质量文化中的较浅层面，而制度层面和道德层面具有较低的易觉察性，属于质量文化中的较深层面。

1. 物质层面

物质层面是质量文化的基础性层面，构成质量文化金字塔的基座。质量文化的物质层面由国家或地区经济中的现有物质性因素构成，包括财富的数量与结构、财富的质量、科学与技术水平、人力资源的状况等。一般来说，某一国家或地区经济中物质性因素水平决定着该国或该地区质量文化的基本力量，在一个物质层面相对薄弱的国家，其质量文化的强度也相对较弱。

但是，就影响力的大小而言，与其他层面相比，物质层面对质量文化强度的影响力相对较小。日本经济的发展进程清楚地表明，通过强化其他层面的作用，质量文化的强度能够得到显著地加强，而强大的质量文化又能够促进经济的持续、快速、健康的发展，从而推动经济进入一个更高的物质层面——这就使得质量文化得以建立在不断提高的物质层面之上。

2. 行为层面

质量文化的行为层面建立在其物质层面之上，物质层面是行为层面的载体。行为层面体现为群体使用物质层面的因素创造财富的行为模式。在同样的物质层面之上，不同的行为模式将形成不同的质量文化强度。然而，与物质层面相比，行为层面对质量文化的影响更大。从地区经济的角度看，在物质层面水平基本相同的城市之间存在的质量文化强度的差异，通常归因于群体的行为模式差异。可以用来测度行为模式与质量文化强度之间相关性的例子大多来自服务业，这是因为在服务业，组织的服务行为对顾客而言基本上是透明的，并与顾客的消费行为同时发生。

3. 制度层面

质量文化的制度层面是塑造行为层面的主要机制。制度层面涉及以下三个方面，即标准化与规范体系、奖励制度和法律体系。其中，标准化与规范体系提供了对行为及行为结果的指导与评价体系，揭示了质量实践活动的基本目标：满足既定的需要或期望。奖励制度体现出对行为模式的激励与导向作用，并传达出国家或地区管理当局的政治倾向。例如，20 世纪 80 年代中期，美国政府由于意识到美国经济竞争力正在减弱，通过立法程序设立了马可姆·鲍德里奇国家质量奖（Malcolm Baldrige National Quality Award），希望借此重振美国经济。而法律体系是行为层面的强制性塑造机制。法律体系对质量文化的影响力依赖于三个方面，即执法的公正性、执法的及时性和质量法律体系的健全性。

4. 道德层面

质量文化的道德层面位于质量文化金字塔的顶层，既是质量文化的核心内容和最高境界，也是质量文化建设的最终目标。它表现为群体积极主动地尊重与维护顾客主权的价值取向和精神追求。道德层面涉及以下四个群体价值取向：尊重顾客主权；积极主动地维护社会质量文化的权威；追求行为结果的社会效益与完美主义；以连续与持久的眼光看待经济资源，倡导社会的可持续发展理念。

四、质量文化建设

质量文化并不是一成不变的，而是不断发展、变化、更新的。同其他文化发展的一般规律相同，质量文化也是沿着从低级到高级，从简单到复杂的发展规律不断进步，始终朝着先进质量文化发展方向不断前进的。但是，质量文化并不会自发朝着正确的方向前进，而是需要质量实践活动的参与者充分发挥主观能动性，从上述四个层面多方努力，积极探索，努力建设先进质量文化体系，营造先进质量文化与质量实践活动互动式发展的良好局面。

1. 先进质量文化的建设目标

先进质量文化建设应该本着创造一种与质量实践活动良性互动、具有自我丰富完善能力的文化发展新机制的建设目标，实现质量实践活动的科学化管理、制度化运行、多方位监督、全面性参与、预防性自纠。

第一，厚植企业家精神和工匠精神，提升质量文化。中国的制造业从低附加值的加工制造向更注重高技术、高质量、高品质的"中国创造"转变依赖于质量文化的升级。质量理念、质量价值观、质量道德观、质量行为准则的全面升级不仅反映了经营策略，更是展现了企业的价值系统、哲学理念和变成企业基因的文化，即"企业家精神＋工匠精神"的产品符号。以中国高铁为代表的中国制造在高端化、标准化方面取得可喜成绩，以港珠澳大桥为代表的中国建造在智能化、工业化方面也迈出了坚实步伐。发挥企业家精神和工匠精神的引领作用，推动质量文化的精神、行为、制度和物质四个方面的积极演变，促进"中国制造"完成"品质革命"。

第二，增强质量意识，更新质量观念，全面提高企业员工的质量意识。不少人认为质量培训与质量意识的提高是质量管理人员的事，认为产品与服务的质量品质只是基层管理或控制出来的，忽视了对企业中高层管理者的质量意识及一线工人的质量管理技术培训。其实，企业中每个人的质量意识综合起来就是群体质量意识。企业员工的群体质量意识和质量观念是形成整个企业质量文化的基础。只有个人的质量意识增强了，质量观念更新了，企业的群体质量意识和观念才会得到提高。反过来，群体质量意识又会作用于员工的个体意识，这样，企业的员工就会形成一种积极、自觉的保证质量行为。

增强质量意识就是要在企业中以特定的企业精神感召、教育员工，激发员工的质量意识、大局意识，坚定努力工作、拼搏进取的信心，逐步形成强大的向心力。树立"质量振兴、人人有责"的观念，增强员工的集体荣誉感、主人翁责任感。进而依靠广大员工齐心协力地去提高质量，从而降低企业成本、更好地满足顾客需求，为企业持续发展注入活力、增强动力。企业要坚持不懈地开展教育培训，采取多种形式，切实加强全员质量意识教育和质量管理知识教育，实施不同层次的质量知识普及教育：对于重点岗位的质量管理人员，必须经过培训，持证上岗，提高劳动者素质。要教育全体员工牢固树立质量意识、问题意识、改进意识和参与意识，提高员工结合本职岗位参与质量管理的积极性和创造性，使全面质量管理工作具有广泛的群众基础，这是质量管理不断深化的动力源泉。

2. 先进质量文化的建设内容及措施

质量实践活动中，质量实践活动的参与者在最初的物质基础上产生了一定的行为方式，进而形成了特定的制度和价值取向。因而，一般来说，经济中不同发展层次的物质性因素往往有着与之相匹配的质量文化水平。但这并不是说物质层面因素决定了质量文化的发展水平，相反，与质量文化的其他层面相比，物质层面对质量文化发展的影响力相对较小。实践表明，通过加强质量文化的其他层面，可以极大地促进质量文化的快速发展，进而带动其到达更高的物质层面。

因此，在先进质量文化的建设过程中，必须沿着与质量文化形成过程截然相反的途径，即首先进行价值取向层面的建设，进而带动相关制度建设，规范约束行为方式，从而对物质层面进行深刻变革，完成质量实践活动的系统改变和先进质量文化体系的不断完善。基于上述认识，我们认为先进质量文化的建设应该依次包括以下几方面的内容。

（1）培养正确的全民质量理念，营造先进质量文化发展的氛围。一种文化的产生与发展，必然需要一片适合其发展的土壤，需要一种氛围。美国著名的质量管理专家朱兰（J. M. Juran）博士从顾客的角度出发，提出了产品质量就是产品的适用性的论断。将这一论断中的产品概念扩大到服务、检测等质量实践活动中的其他相关概念，依然可以得到很好的应用，因此适用性是质量的精髓所在。这种适用性理念不光应该在产品、服务的提供者中得到贯彻，更应该在顾客中得到普及。通过增强消费者的相关维权意识及对适用性的鉴别评判能力，努力营造质量提升自觉性和监督促进并重的良好氛围，从而为先进质量文化的发展创造有利的外部环境。

（2）借鉴先进经验，因地制宜，制定科学严格的制度规范。"无规矩无以成方圆"，先进质量文化的建设不仅需要良好的社会氛围及由此带来的质量实践活动的自我规范，更需要从制度层面加以规范和约束。通过一系列的规范引导、奖惩机制和相关法律体系的建设，将质量实践活动纳入科学、健康的良性发展轨道上来。在这一方面，美国、日本等发达国家有着较为成功的实践经验，不仅相关法律制度的建设完备科学，执法的公正性、及时性优势也十分明显。相关的法律制度不仅起到了很好的惩戒作用，更是有着良好的前瞻性，起到了防患于未然的作用。因此，充分借鉴发达国家、先进企业、先进群体等的成熟制度建设经验，结合本国、本企业、本部门的实际，制定科学严格的制度规范，无疑是先进质量文化建设过程中的重要一环。

（3）充分发挥职能部门的引导作用，确保质量行为有章可循。众所周知，高质量不是检查出来的，而是生产出来的。面对职能部门的监管，质量实践活动主体往往有着一定的被动性。制度的建设与执行固然重要，但是良性的引导与教育更是必不可少。如果说制度的作用是一种鞭策的话，那么职能部门的引导教育则更像是一场润物无声的春雨。先进质量文化的建设，需要一种良好的氛围，需要制度的规范与惩戒，更需要相关职能部门作为一面镜子，让质量实践活动的参与者认清自己的形象、明确自身的社会责任，在潜移默化中自觉形成健康的质量理念。

（3）提倡质量创新和标准创造，提升质量供给。质量创新是质量强国的根本动力。加大制造业企业质量技术改造支持、引导力度，支持企业积极采用新技术、新工艺、新设备、新材料。利用政策引导和市场机制作用，充分发挥国内健全的供应链和完整的产业链的创新生态优势来提升质量，塑造品牌。特别是要倡导工业产品生态设计，引领企业走绿色低碳循环发展之路，提升创新开发能力和管理水平，培育产品和品牌影响力，促进工业文明与生态文明协调发展。积极推进标准国际化战略，鼓励企业积极参与国家标准和国际标准制修订，推动标准提供机构的市场化，以中国标准的国际化带动中国高质量的产品和服务"走出去"。

（4）建立科学的质量管理模式，优化组织结构，健全企业内部质量监督机制，全力提高质量管理的科技含量。企业要结合自身的实际，建立从产品设计到售后服务全过程的运转有效的质量控制和质量保证机制，层层严格把关。健全质量管理体系，落实质量责任制，建立质量激励竞争机制，充分调动全体职工参与质量管理活动的积极性。质量文化的实施需要各个部门紧密配合，内部信息能够有效迅速沟通，职责清晰、权责明确。这就涉及企业组织结构优化的问题。在实施质量文化的企业里，产品生产不再是一个个单独的环节，而是一个完整的系统。

（5）利用信息化技术开发质量管理信息平台软件，创新管理手段，提高质量管理人员掌握质量信息的及时性。另外还可以通过远程可视技术请专家指导或会诊质量问题排除事故，还可以利用已集成的数据仓库挖掘潜在价值，变质量数据为质量管理知识，提高质量管理的科技含量和管理的含金量。加大科技投入，推广应用新技术，减轻一线工人劳动强度和精神紧张程度，从而可以降低出现质量问题或质量事故的概率，夯实质量基础。

（6）建立奖励制度，就是要从一线工人的需要出发，重视精神鼓励，对产品或服务质量成绩优秀者，颁发质量优秀证书。精神鼓励往往胜过单纯的物质奖励。恰当的激励与认可更能激发员工的热情。大量的实践表明，激励与认可有助于营造良好的质量文化氛围。创建以人为本的质量文化要根据科学的激励理论，充分考虑员工的需求层次进行激励。对员工进行工作安排时尽量做到人尽其才，同时做到赏罚分明，客观评价员工的工作，让员工充分认识存在问题的同时，增强了自我激励能力和进取精神，对促进员工更好地工作发挥了积极作用。此外，通过改善工作内容、工作环境和工作方式，使员工产生奋发向上的进取精神和努力工作的积极性、满足感。总之，通过对员工恰当的激励与认可，可以帮助企业营造了良好的企业质量文化氛围，使员工个人质量意识和企业整体工作质量都得到了提高。

（7）加大对人才培养的投入，培养高素质人才。知识崇高，人才宝贵。要将培养高素质的质量管理人才，作为一项系统工程来抓才行。它应包括三个方面内容：一是制定企业质量管理培训目标，把企业质量管理人才资源开发培训纳入计划，并制定出阶段性的培训要求，季度考核、年度奖金兑现；二是建立科学的职业生涯管理，并与国家的相关职业注册制度并轨；三是加强培训费用的预算管理和支出管理，保证质量管理人才培训费用落实。开展质量管理科技进步工作，要同企业开展的科学技术进步工作协调一致，要积极参与行业部门组织的质量科技进步活动。

（8）加强质量监管和品牌保护，提高质量收益。一方面，要严格企业质量主体责任，建立企业产品和服务标准自我声明公开和监督制度；严格执行重大质量事故报告及应急处理制度，健全产品质量追溯体系，切实履行产品"三包"、缺陷产品强制召回等质量安全责任，依法承担质量损害赔偿责任，建立消费品质量安全事故强制报告制度。加强质量安全风险研判和防范，建立产品伤害监测体系，使质优价高成为市场竞争常态，形成质量品牌优胜劣汰效应。另一方面，加强知识产权运用和保护，完善品牌保护的法律法规，强化品牌维权机制，健全品牌创新的激励机制。制定品牌评价国际标准，推动建立国际互认的品牌评价体系。

（9）编写企业质量文化手册。质量文化是由一系列软件构成的，它的体现形式，往往是可以看得见的标语、口号，以及看不见的质量意识、质量理念等。如何让这个软件变成看得见的东西呢？更多的企业采取了体系管理的方式，即建立一个文件化的质量文化体系，实际上是一份企业质量文化手册。手册要明确质量文化的管理职责，明确将企业的质量方针、质量理念及对应的质量口号、标语以文字形式固化，明确质量活动、质量奖励、质量改善、质量诚信及质量管理的理论模式等诸多流程和要求。

本章复习思考题

1. 传承和发扬工匠精神，要关注哪些方面？
2. 工匠精神的时代价值和社会意义体现在哪里？
3. 质量文化内涵包括哪些方面？
4. 如何构建企业的质量文化？

案例分析

质量恒久，立足全球

一、恒立简介

恒立公司成立于 1990 年，是中国液压行业的大型企业集团，致力于液压行业产品的技术创新，为全球客户提供高效、可靠的液压传动与控制解决方案。恒立经过近 30 年的专注与创新，从液压油缸制造发展成为集液压元件、精密铸件、气动元件、液压系统等产业于一体的大型综合性企业，是中国液压行业标杆企业。公司生产规模和技术水平已跻身于世界液压领域前列，并服务于全球多家 500 强企业。产品销往 20 多个国家和地区，遍及工程车辆、港口船舶、能源开采、隧道机械、工业制造等诸多行业。恒立在多年扎实稳健的发展中，在江苏常州先后建立了恒立气动、恒立油缸、恒立铸件、恒立液压等制造基地，收购了上海立新液压。

为了开拓全球市场，恒立还进行了全球化战略布局：收购了德国哈威 InLine 液压，并在美国芝加哥建立了新的工厂；逐步在中国、美国芝加哥、德国柏林、日本东京建立了 4 个研发中心和 7 个制造基地，包括 300 余名技术专家、200 余名营销服务人员，辐射 20 多个国家和地区的庞大网络，不断为全球客户提供售前、售中、售后，一站式、一体化的高效便捷服务。

公司将不断提升核心竞争优势，深化中国制造 2025，积极响应工业强基战略，通过技术创新重塑中国制造。

二、恒立公司的质量观

1. 什么是质量？

恒立人认为，质量就是以不懈的努力来尽可能满足客户的需求和期望。恒立对于产品的要求有两点：一是"零缺陷"，恒立的产品必须要实现"零缺陷"才会被认定为合格品；二是"顾客满意"，只有让顾客满意的产品才是好产品。而要达到质量标准就要坚守四个观念：不断改进观念、预防观念、标准化观念、用户观念。

2. "三现"主义、"三不"原则

"三现"即现场、现物、现实。"现场"：当听到问题发生时，即刻到达发生的现场去了解问题的实际情况。"现物"：当到达现场后，看看是何人、何事、何物发生问题，并掌握具体的过程。"现实"：确定了解了发生问题的人、事、物的实际状况后，再做原因调查、解析及采取对策。总而言之，发生任何问题时，必须亲自到现场去了解，以掌握事情的真实情况，避免因只听他人的转述而做出错误的判断。"三不"原则：不接受不合格品、不生产不合格品、不流出不合格品。

恒立将影响过程质量控制的因素分为六大类：人、机器、材料、方法、环境、测量。针对各个因素对症下药，实施相应的管理方法。人的因素在于技能不足、职责不明确、质量意识不高、责任心不强、无创新意识等。机器的因素可能在于精度不够，也可能是性能不稳定等。材料的因素可能是选择不良、不稳定等。方法的因素在于工艺不良、操作方法不当、管理不到位等。除此之外，环境不良、污染大，抑或是测量方法不当或错误、测量系统误差大都可能会造成产品质量不过关。

三、质量管理办法

1. 研发生产层面

（1）充分了解客户的需求

恒立以客户为中心，始终如一地贯彻"服务客户"的经营理念，通过个性化、定制化的服务措施和手段，寻求服务能力和品质的卓越提升。每遇到一个新的项目，恒立的技术工程师会立即参与到客户的项目中去，了解客户的需求，和客户一起解决遇到的难题。恒立的产品设计和生产工艺历经考验，注重客户对产品细节的每一个要求，公司在生产过程中严格遵守工艺质量标准和客户的要求。

（2）汇聚行业精英

恒立的生产车间有一大批经验丰富的工程师，这些工程师掌握着制造和工艺的精髓，致力于让设计完美地转化成产品。

（3）精确设计计算

产品尺寸的精确计算是基于恒立不断获得实际产品验证的计算理论，对于特别复杂的结构，恒立会采用专业的计算机软件进行分析，并通过试验台进一步验证。

（4）先进的检测手段

恒立拥有先进的检测研发设备，从而对产品进行优化设计，设计、生产、研发、测试，听取客户的反馈，不断地提升产品的设计。

2. 管理层面

（1）科学的管理体系

恒立在产品研发、生产和检测的各个环节均对品质、安全及价值设定了高标准。恒立遵循 ISO 9001 及船级社（DNV、ABS、BV、LR 等）相关标准的质量认证要求，运用科学的生产管理流程，进行严格的质量管控，建立了一套完整的质量保证体系，确保产品品质和可靠性。

恒立的所有产品均有备案，每个产品落实到责任人、精确到生产日。除此之外，恒立还有质量进度及报表，完善的监督机制使恒立的产品更加优质可靠。

（2）5S 管理保障生产工艺

恒立认为，5S 管理能够消除安全隐患，改善产品质量，提高生产效率。恒立不仅有精细的 5S 管理体系，还配有 5S 专员进行现场管理。恒立聘有日本管理团队到公司做 5S 的顾问指导。

（3）QC 小组使质量控制更到位

恒立组建 QC（Quality Control）小组，对重点指向项目进行 PDCA 循环，活用统计手法，以数据来说明事实，为了寻求真因，活用 5W1H 的思维方式来行动，反复运用 5 个为什么，以实施标准化的思维方式来行动，指导一线工人，直至对方明白为止。这样一来，恒立一方面提高了一线工人对产品质量的重视程度，使他们工作更加认真，产品品质自然也更加有保障。另一方面，这种让广大职工共同参与质量管理的方式也提高了工人们的劳动积极性。

四、匠心精神造就品质企业

为满足高端液压元件所需基础铸件的品质及产能需求，突破国内高端液压铸件的瓶颈，恒立液压从基础工艺入手，于 2012 年投资 5 亿元人民币建成了国内第一个专业生产高精密液压铸件生产基地，聘请德国、日本的专家前来指导，全套引进德国先进铸造生产线，使铸件工艺和质量达到国际先进水平，可年产 2.5 万吨高精密液压铸件，实现了国内在高精密液压件铸造技术的重大突破和进口替代，参与并制定国家（行业）标准，并于 2016 年被评为中国绿色铸造企业。目前，恒立每年都会抽取产值的 4% 用于研发和培训工作。

凭借优秀的研发能力、产品和服务质量，以及为中国液压领域做出的杰出贡献，恒立多次获得政府和行业的肯定，并得到众多知名客户的认可和信赖。恒立先后荣获"2008 中国工程机械年度产品 TOP50"，工业和信息化部工程机械高端液压件及液压系统产业化协同工作平台首批授牌单位，"卡特彼勒 2014、2015 年度优秀供应商银牌认证（SQEP）"。2014 年恒立被评为"国家（行业）标准制定单位"，2017 中国国际铸造博览会优质铸件金奖。

案例思考题

1. 恒立质量观的内涵是什么？
2. 恒立为了提升产品质量，都用了什么办法？
3. 恒立的质量文化给了你哪些启发？

第七章

企业家精神与创新创业文化

企业家、企业家精神和企业文化是三个紧密相关的概念。如果说企业家是指具体的人，那么企业家精神通常是指企业家的共性所在，而企业文化可以说是一种扩大了的企业家精神，即一种在企业运营中得到全体人员广泛认同并能够指导企业家取得成功的精神力量。

第一节
企业家精神

一、"企业家"一词的来源及其发展

从词源上看，"企业家"一词最初出现在法语中，指领导军事远征的人，后来泛指从事冒险活动的人。企业家本质上是人，所以必然具有人的自然属性、社会属性和精神属性，他们的身上必然也结合了人类的一切优点与缺点。学者对企业家概念的理解，主要有两种类型，一种称之为"能力说"，另一种可以称之为"功能说"。比如，马歇尔就是持"能力"说的，他在《经济学原理》（1890 年出版）一书中，将"企业家"定义为企业组织的领导协调者、中间商、创新者和不确定性风险的承担者，即企业家就是为企业提供这些管理能力的人；而熊彼特是持"功能"说的主要代表，同时他的企业家理论，也是最具有鲜明色彩与影响力的。在他看来，企业家最重要的功能就是创新，他认为所谓资本主义的固有发展，不是对外部变化的适应过程，而是对这种经济体系内部改变的适应过程，推动这一过程的正是企业家的革新作用，企业家是支持、创造资本主义经济发展的个体，是从事创造性破坏的创新者，从功能的角度认识和理解资本企业家，就会突出企业的共性，事实上，也就强调了企业的精神，精神既反映了人们行为过程中"怎么做""做什么"的个人意识状况，同时包含"为什么去做"的这个动力机制，精神主要解决的是原因，即动力问题，企业家作为企业精神的人格化代表，既是企业文化的积极倡导者、精心培育者及建设方案的设计者，又是优秀企业文化的身体力行者，同时还是企业文化转换和更新的推动者，在企业文化建设中的重要地位显而易见。

二、企业家精神概念及特征

管理大师德鲁克继承并发扬了奥地利经济学家熊彼特的观点，认为企业家精神中最主要的是创新，进而把企业家的领导能力与管理等同起来，认为"企业管理的核心内容，是企业家在经济上的冒险行为，企业就是企业家工作的组织"。

1. 创新是企业家精神的灵魂

熊彼特关于企业家是从事"创造性破坏（Creative Destruction）"的创新者观点，凸显了企业家精神的实质和特征。一个企业最大的隐患，就是创新精神的消亡。一个企业，要么增值，要么就是在人力资源上碌碌无为，创新必须成为企业家的本能。但创新不是"天才的闪烁"，而是企业家艰苦工作的结果。创新是企业家活动的典型特征，从产品创新到技术创新、市场创新、组织形式创新等等。创新精神的实质是"做不同的事，而不是将已经做过的事做得更好一些"。所以，具有创新精神的企业家更像一名充满激情的艺术家。

2. 冒险是企业家精神的天性

理查德·坎迪隆（Richard Cantillion）和富兰克·奈特（Frank Knight）两位经济学家，将企业家精神与风险（risk）或不确定性（uncertainty）联系在一起。没有甘冒风险和承担风险的魄力，就不可能成为企业家。企业创新风险是二进制的，要么成功，要么失败，只能对冲不能交易，企业家没有第三条道路。在美国3M公司有一个很有价值的口号："为了发现王子，你必须和无数只青蛙接吻。""亲吻青蛙"常常意味着冒险与失败，但是"如果你不想犯错误，那么什么也别干"。同样，对1939年在美国硅谷成立的惠普、1946年在日本东京成立的索尼、1976年在中国台湾成立的Acer、1984年分别在中国北京和青岛成立的联想和海尔等众多企业而言，虽然这些企业创始人的生长环境、成长背景和创业机缘各不相同，但无一例外都是在条件极不成熟和外部环境极不明晰的情况下，他们敢为人先，才成为先行者的典范。

3. 合作是企业家精神的精华

正如艾伯特·赫希曼（Albert Hirschman）所言：企业家在重大决策中实施的是集体行为而非个人行为。尽管伟大的企业家表面上常常是一个人的表演（One-Man Show），但真正的企业家其实是擅长合作的，而且这种合作精神需要扩展到企业的每个员工。企业家既不可能也没有必要成为一个"超人"（superman），但企业家应努力成为"蜘蛛人"（spiderman），要有非常强的"结网"的能力和意识。西门子公司就是一个例证，这家公司秉承员工就是"企业内部的企业家"的理念，开发员工的潜质。在这个过程中，经理人充当教练角色，与员工进行合作，并为其合理的目标定位实施引导，同时给予足够的施展空间，并及时予以鼓励。西门子公司因此获得了令人羡慕的产品创新纪录和成长记录。

4. 敬业是企业家精神的动力

马克斯·韦伯在《新教伦理与资本主义精神》中指出："这种需要人们不停地工作的事业，成为他们生活中不可或缺的组成部分。事实上，这是唯一可能的动机。但与此同时，从个人幸福的观点来看，它表述了这类生活是如此的不合理：在生活中，一个人为了他的事业才生存，而不是为了他的生存才经营事业。"货币只是成功的标志之一，对事业的忠诚和责任才是企业家的"顶峰体验"和不竭动力。

5. 学习是企业家精神的关键

荀子曰："学不可以已。"彼得·圣吉（Peter Senge）在其名著《第五项修炼》中说："真正的学习，涉及人之所以为人此一意义的核心。"学习与智商相辅相成，以系统思考的角度来看，从企业家到整个企业必须是持续学习、全员学习、团队学习和终生学习。日本企业的学习精神尤为可贵，他们向爱德华兹·戴明学习质量和品牌管理；向约瑟夫·M.朱兰学习组织生产；向彼得·德鲁克学习市场营销及管理。同样，美国企业也在虚心学习，企业流程再造和扁平化组织，正是学习日本的团队精神结出的硕果。

6. 执着是企业家精神的本色

英特尔总裁安迪·格鲁夫有句名言："只有偏执狂才能生存。"这意味着在遵循摩尔定律的信息时代，只有持续不断地创新，以夸父追日般的执着，咬定青山不放松，才可能稳操胜券。正所谓"锲而不舍，金石可镂；锲而舍之，朽木不折"。在20世纪80年代诺基亚公司涉足移动通信行业，但到90年代初芬兰出现严重经济危机，诺基亚未能幸免遭到重创，公司股票市值缩水了50%。在此生死存亡关头，公司非但没有退却，反而毅然决定变卖其他产业，集中公司全部的资源专攻移动通讯。坚忍执着的诺基亚最终成功了，后来诺基亚手机在世界市场占有率最高曾达到35%。

7. 诚信是企业家精神的基石

诚信是企业家的立身之本，企业家在修炼领导艺术的所有原则中，诚信是绝对不能摒弃的原则。市场经济是法制经济，更是信用经济、诚信经济。没有诚信的商业社会，将充满极大的道德风险，显著抬高交易成本，造成社会资源的巨大浪费。其实，凡勃伦在其名著《企业论》中早就指出，有远见的企业家非常重视包括诚信在内的商誉。诺贝尔经济学奖得主弗里德曼更是明确指出："企业家只有一个责任，就是在符合游戏规则下，运用生产资源从事利润的活动。亦即须从事公开和自由的竞争，不能有欺瞒和诈欺。"

三、企业家精神与企业文化

企业家精神精神和企业文化都是非常复杂的概念，有人会直接把企业家精神当成企业文化，或者把企业文化说成是"老板文化"。每个企业家都努力想将他们个人的精神变成大家的精神，想将他个人的文化转变成企业的文化，而所谓的企业文化也必然凝聚了企业家精神的精髓。简单地说，不同的企业文化具有不同的企业家精神，不同的企业家精神又打上了不同的企业文化的印记，二者之间你中有我，我中有你，从某种意义上说企业文化是企业家精神不断向企业纵深扩展的结果。

1. 企业文化对企业家精神的影响

首先企业文化使企业家精神得以延续，无论是作为一种精神品质，还是作为一种精神动力，企业家精神必须转化为全体员工的精神动力，或者是企业的价值观，才能真正地发挥作用，形成影响力。在全球化市场经济环境下，任何一个企业家参与现代企业经营实践的实践，都会发现个人力量有限。在工业革命开始之前，与工业革命初期，社会化生产不发达和企业规模不大的情况下，企业家个人能力的影响有可能远远高于企业文化对企业的影响。仅靠企业家个人的优秀能力，目前难以对抗企业竞争环境中不确定性风险。因此，优秀的企业家精神只有沉淀成优秀的企业文化，才能够得以延续并发挥作用，否则也只是局限在企业家个人的能力，不能给企业的发展带来更多的价值。其次，随着企业文化的发展，企业家精神也是不断发展的。所以，当优秀的企业家精神进一步转变并形成优良的企业文化氛围之后，这种不断进取、齐心协力、共同学习的文化氛围，又会继续激励企业家精神的成长与发展。

2. 企业家精神对企业文化的影响

企业文化的形成与发展不是一个自动生成的过程，而是一个充满能动与主动的过程。企业文化是企业全体人员齐心合力建设而成的结果，其中企业家精神起着决定性的作用。企业家是企业文化建设的选择者、设计者、领导者和实施者，并通过自己的价值观从整体上影响和决定企业员工的价值观与行为，最终形成一种企业范围的企业家精神及企业文化。

在企业文化的形成期，由于企业规模小，文化还处于模糊形成的状态，对于企业的生存与发展只具有战略性的重要意义，在企业经营实践中的效果还不明显。因此这一时期的企业文化需要自觉且强势的引导才能较快、较好地形成，企业家的作用在这一时期也是最为突出的。许多优秀企业文化的形成往往与初创时期企业家强烈的创新精神、顽强的个人意志及优秀的个人能力直接相关。

在企业文化的发展期，由于文化的特征具有稳定的一面，这使得企业文化带有一定的文化惯性，唯有靠企业家用战略眼光与创造的精神才能有效地打破这一惯性，带领企业全体员工前进，不断地发展企业文化。

在企业文化的变革期，企业文化发展到一定的时候，需要针对企业的实际，以及企业生存环境的变化做出重大的变革与调整及企业文化的反思，这一时期需要企业领导人对企业文化进行自觉性反思。有的时候这种反思不仅是必要的，甚至是强迫的，强迫企业家去思考企业的下一步行动，应该怎样在新的不确定的环境下获得更高更强的企业竞争能力；如何重新审视公司的发展战略，如何改革企业文化使之更成熟、完善。企业家精神，在这一时期是决定企业文化未来面貌的关键性因素。

在企业文化的成熟稳定期，经过一定时间的反思与调整，企业文化面貌焕然一新，表现出一种进取的文化氛围，会形成一个更加有效的管理团队，或者表现出更强的竞争优势，或企业的物质环境硬件设施方面更加人性化。如果新的企业文化符合企业战略发展要求，并有强烈的竞争力，将会进一步稳定下来指导企业的下一步发展。这就需要企业家发挥企业家精神的作用，努力在原有价值观的基础上积极探索并形成一种更具有实践指导价值，更符合人性化发展需要，更适应时代发展要求的新的企业价值观。

总之，企业家在企业文化建设中起着核心领导的作用，他们的价值观、创新观念和素质决定着企业文化的发展、创新与完善。企业文化离开了企业家精神，就只能始终停留于初始阶段而无法发展。

3. 企业文化建设应该跨越企业家自身意识的障碍

企业家的精神品质和企业家精神的实践决定着企业的健康发展。但是，值得指出的是，在认识到企业家精神对企业文化的积极推动的作用的同时，必须认识到企业家可能存在的自身局限，企业文化的健康发展需要跳出企业家自身意识的障碍，才能够确保企业的持续发展。我国民营企业家在创业成功后，企业持续发展成了新的问题。一些主要靠胆识运气的民营企业家完成第一次创业之后，第二次创业面临着真正的现代企业竞争时，难以完成由"顺境经营"向"逆境经营"的转变，从而导致企业生命周期短的现象。目前一些企业的经营者仍存在"守法吃亏、违规有利"的政策投机思想，有的还存在过分追求短期效益的短视行为，甚至有的存在对社会关系的依赖高于对客户和市场的理解的偏见。

企业文化的早期形成于企业的开拓精神，开拓创新精神和创业成功经历是分不开的，但是企业文化的健康长期发展，需要根据时势变化，超越企业家自身素质不足的问题，才能够开辟广阔的发展前景。

一、创新的重要性和内涵

现在，"创新"一词炙手可热，我国在努力向自主创新型国家转变，企业也在全力提升创新能力，随着我们逐步跨入知识经济时代，曾经作为工业经济时代骄傲的高效率、高质量、低成本，已经难以保证国家、企业的持续竞争优势，创新日益成为组织实现可持续发展的必由之路。技术创新、市场创新、商业模式创新、制度创新等各种各样的创新方式层出不穷。

1. 创新的重要性

中美的贸易摩擦和全球经济发展放缓等因素的影响，使得2018年以来我国部分行业企业的生产运营面临困境，严重影响了我国经济的平稳增长与和谐社会的建设，诸如中兴电子这样的大型企业一度陷入停摆的状态。由于我国产业企业的生产还过度依赖于运营的优势，创新能力不足，是当前转型升级困难和盈利能力差的主要原因。

由于缺乏核心技术，企业只能获得极低的利益，在国际竞争中处于劣势。我国高新技术产业增加值占制造业比重为8%，远低于发达国家的40%。在我国，几乎全部的光纤制造设备，85%的集成电路制造设备，80%的石油化工制造设备，95%的医疗装备，都依赖进口。无论是对国家还是对企业来说，要想实现又快又好的发展，就必须大力开展创新，我国的华为、潍柴等企业之所以能够保持稳健的态势，其关键就在于这些企业很好地实施了以知识产权为核心的自主创新战略，提高了企业的持续竞争力。

在实施创新的过程当中，由于缺乏管理的基础，没有对高风险的创新进行很好的调控，很多企业无法承受日益增长的研发费用和漫长的创新周期，于是就出现了所谓的"创新找死、不创新等死"的困境。其实，只要通过有效的组织创新管理，组织就能够降低风险，并从创新中获益。因此我国的各类企业应该尽快加强对创新的意义、内涵和特征的认识，加强对创新管理和新产品开发管理的学习和实践，

2. 创新的内涵

何为创新？要想更好地管理创新，推动组织创新，首先就需要对创新的内涵及其本质有深入的了解。

创新领域的鼻祖是指约瑟夫·熊彼特。他观察到资本主义的经济增长的周期性规律，并从经济学的角度提出了技术创新是其主要动因，他在《经济发展规律》一书中，将生产要素的新组合引入生产系统，同时熊彼特还总结出创新的五种基本形式：① 引入新的产品或提供产品的新功能；② 引入新的生产方法或者是工艺流程；③ 开辟新的市场；④ 开拓并利用新的原材料或者新的供应渠道；⑤ 采用新的组织形式。

在熊彼特之后，更多学者参与并发展了创新管理的研究，于是一个独立的研究领域逐渐成形，并成为整个管理学的重要分支。

严格地说，后来众多的创新学者聚焦于狭义的技术创新，而事实上广义的创新与科学技术并没有必然的联系，创新并不等同也并不依赖新的发明创造。以淘宝网为例，虽然其运作确实需要互联网技术的支持，但其技术在 20 世纪 80 年代就已经发明并被广泛利用，淘宝最大的创新之处就在于其 C2C 的商业模式，而不仅是其技术的新颖。创新属于经济学的范畴，科学技术通常带来新思想、新理解，而创新对企业来说需要巧妙地利用科学或者技术的知识，或者工作中的理解，使其带来商业利润。

创新的真正目的是创造更多的商业价值，而不需要奉行科技优先，所以我们认为创新就是指从创意产生到首次实现商业化的过程，或者说是对新设想的合理使用，并创造出价值。创新的本质就是穿越"达尔文之海"，"达尔文之海"指的是从最初的创意到大规模商业化之间存在的众多鸿沟，跨越这些鸿沟就像是生物进化过程一样残酷，大部分创意最终以商业化的失败告终。"达尔文之海"限制了知识、创新、技术发明到商业化的有效链接，只有很少的创意得以幸存。传统的创新理论，更重视从创意到商业价值实现的过程，完成了熊彼特式的初始创新过程，部分穿越了"达尔文之海"。然而，在实现了根本性创新之后，企业还必须在后续的商业竞争中不断创新，才能获得持续的生存和发展。

企业文化管理
——校企协同育人创新实践探索

3. 创新过程

创新是个知行统一的过程，必须拥有活跃敏捷、充满联想的思维，拥有探索求真、勇担风险的实践精神，学习、拥有和继承多元化的知识是创新的重要基础，一切皆有可能的信念是创新的动力源泉。

信念、思维、精神、知识构成了创新主体的素质。人们可以从这些不同的侧面去培养、锻炼和提高自身的创新能力。这是一个学习的过程，呼唤潜在能力成为创新实践。事实上，在一个人身上，那些素质常常是一有俱有，一无全无的。对知识匮乏的人，创新的大门往往关闭着。学习是对现有知识的掌握和继承，创新是对知识的综合和应用。没有对传统的继承，根本谈不上创新。因此我们强调学习。各种知识的融会贯通会激活创造的灵感，所以除了专业知识外，人们应当有多方面的兴趣和好奇心。有更宽的知识面，这将有利于培养创新的思维。

二、创新的类型

创新可以从不同角度进行区分，但相互之间的界限并不是非常清晰。从创新的产业来看，可以分为产品创新和服务创新；从创新的对象来看，可以分为产品创新、流程创新和商业模式创新。下面就对产品创新、流程创新、商业模式创新和服务创新四种类型的进行介绍。

1. 产品创新

产品创新是最为普遍的创新类型。产品就是有形的、可触摸的物品，是与服务相区分的，如汽车、手机、电脑。产品创新就是指推出能够满足顾客需要的新产品，或者向市场提供新的要素组合方法。例如，苹果公司推出的 iPod、iPhone 和 iPad，格力公司推出的直流变频空调，都是产品创新的典范。

产品创新往往可以给企业带来很大的收益，3M 公司开发生产的一种小型不干胶贴——Post-it，既可以贴于书页中，又可以不留痕迹地把它揭下来，该产品创新每年给 3M 带来 3 亿美元的销售收入。但产品创新往往也意味着高风险，这种风险一方面来源于市场的不确定性，如果市场不接受该产品或者需求不足，就可能导致创新失败；另一方面源于跟随者的模仿。产品创新的成果往往存在一定程度的不完善。因此跟随者可以对此进行改进，从而获得后发优势，施乐公司的众多产品创新失败多源于此。

2. 流程创新

流程是指生产和运输某种产品的方式，流程创新是指产品的生产技术的创新，它包括新工艺、新设备、新的制造方法和技术，以获得成本、质量周期、配送速度等方面的优势。例如，格力在生产空调的时候采用了新的钢板材料，换用新的生产设备或者优化某一生产流程，从而降低成本或者提高效率。产品创新的目的在于提高产品设计或者性能的独特性，流程创新的目的是提高产品质量，降低生产成本、提高生产效率。与产品创新的高风险相比，流程创新的风险相对较小，因为它没有改变产品的特性，只是对产品的质量或成本进行了优化，所以不会出现市场需求不足的问题。但相应的流程创新所带来的收益也会比产品创新少，产品创新可以为组织带来更多的独占性优势。

产品创新和流程创新是很难完全分离的。一方面，有的产品创新必须要以新的流程、设备、生产结构为基础，另一方面产品创新使流程创新成为可能。大多数情况下两者是交替出现的，企业在产品创新后，就会立刻进行相应的流程创新，以进一步扩大其利润。

3. 商业模式创新

除了产品和流程创新之外，商业模式创新也是重要的创新方式，与前两者显著不同的是，商业模式创新不一定是技术进步。商业模式是组织的运作方式，是企业将产品或服务提供给客户，并得到经济利益的过程的运作方式。商业模式的创新就是指变革行业内创造价值创造的方式。从而为顾客提供更多的价值，为企业开拓新的市场。淘宝网相对于传统的实体商店来说，就是一种典型的商业模式创新。商业模式体现了公司赖以创造价值的方式，一般来说，可以从以下几个方面来分析商业模式，或者进行商业模式创新：价值主张、目标客户、销售渠道、客户关系、价值配置、核心能力、合作伙伴网络、成本结构、收入模型。

沃尔玛及其混合式超市、英特尔、西南航空都是商业模式创新的典范。而创新往往可以实现交易过程中所有相关者的共赢，比如淘宝网，一方面方便了客户，因为客户在网上可以更方便地找到更多更便宜的产品；另一方面方便了店主，因为店主不必支付高额的店面费用，就可以获得客源。不仅如此，淘宝网平台自身也可以从中获得丰厚的收益。

商业模式创新往往会对整个产业带来比较大的影响，从上述例子中不难发现，由于商业模式创新往往不涉及高水平的技术诀窍，因此商业模式创新也是最容易被模仿的。所以在创新的过程当中，企业必须考虑如何去设立进入壁垒以防止太多的模仿。如淘宝网的主要壁垒就是其市场份额。

4. 服务创新

知识经济时代的一个显著特征，就是服务业的迅速发展，服务业在世界经济中的地位正变得越来越重要，如金融行业、电信服务业和咨询行业等。在欧洲国家中，服务业占 GDP 的比例已经达到了 60% ~ 80%，服务业在经济发展中处于主导地位，与生产领域相似，创新也是服务业赖以生存和发展的关键，服务创新就是指服务型组织为了提高服务质量和创造新的市场价值，对服务系统进行有目的、有组织的变革的动态过程。

服务具有五个方面的基本特征：① 不可感知性，也就是说服务的元素往往是无法触摸或被看见的；② 不可分离性，服务的创造跟交易过程往往是同步的，是无法清晰分开的；③ 异质性，就是服务的质量水平是变化的，并不像产品那样恒定一致；④ 不可存储性；⑤ 缺乏所有权。

通过服务创新，组织可以提高服务的质量，降低服务成本或者发展新的服务理念。服务创新的相关理论，源于技术创新，两者之间有密切的联系，但服务业的独特性使服务创新有别于技术创新。

（1）服务创新更多的是非技术或者是社会性的创新，所以不能狭隘地从技术决定创新的观点来理解服务创新。

（2）服务创新中的渐进性创新多于根本性创新，服务创新的主要目的包括产品差异化、提高响应速度、开拓新市场、提高顾客忠诚度。

（3）服务和流程创新紧密联系。由于服务具有不可存储性，所以服务流程不能完全与服务的创造分开，服务创新不能脱离服务流程的创新。

（4）顾客导向更明显，服务创新主要以顾客为导向，服务的标准化程度越低（定制化程度越高），创新中顾客决定的程度就越高。

（5）服务创新往往不需要进行高科技知识的研究，所以服务创新所需的时间相对较短，服务创新的组织更加灵活，组织创新一般为项目制的非正式组织。在项目开始时，从各部门抽调人员组成项目小组，一旦项目小组成功融合到日常业务流程当中，项目小组便可以解散。

三、创新的企业文化

如果说创新是企业发展和强盛最强大的动力的话，那么创新文化则是企业持久兴旺的灵魂。创新文化是企业创新的原动力，是员工创新的热土地，创新文化所营造出来的浓厚的创新氛围和良好的创新风气，会极大地激活企业创新细胞，释放员工智慧潜能，让企业呈现出人人创新的勃勃生机。

1. 鼓励创新自信，形成"人人皆可创新"的观念

人是创新的主体，要是人员没有创新的积极性，创新的推进就会很难。管理者要想尽办法把全员的创新潜能挖掘和释放出来，形成创新合力，一定要多做工作，全力打破"创新是专家教授的事，普通人做不了"的认识误区，树立"搞科研工作是创新，岗位工作同样可以创新"的观念，增强全员创新的自信心；帮助员工走出"普通岗位就是平凡工作，创新无用"的认识误区，树立"创新在身边、在岗位""不改进、不创新必然要落伍"的观念，增强全员创新的紧迫感。

2. 鼓励新观点、新想法、好建议

要在企业内部形成广开言路、集思广益的氛围。通过课题讨论、定向征文、搭建网络交流平台、借鉴先进经验联手攻关等形式，鼓励企业全员建言献策。对所有员工的建议，都应郑重对待。员工提出的新观点、新想法往往是在工作实践中辛苦探索得出的，是积极参与创新活动的重要表现。如果不加重视、姑且听之、放置一旁，势必会影响员工建言策献策的积极性，扼杀了他们的创新热情。所以要认真对待员工的创新建议和想法，鼓励员工的创新热情。对富有前瞻性、可行性的新观点、新想法、好建议，要制定配套措施，及时进行推广应用，使创新成果尽快产生效益，并给予创新者相应的物质和精神奖励，能够刺激创新发挥全员创新的强大能量。

3. 支持创新，鼓励冒险，宽容失败

支持创新就要容忍失败，创新不是一蹴而就的，而是一个不断失败、最终成功的过程。要打消员工"求稳怕乱，担心创新出乱子"的认识误区，鼓励员工敢想敢做敢冒险，树立创新求生的信念。要打破"只许成功，不许失败"的老观念，倡导"宽容失败"的创新文化，营造一个鼓励创新、宽容失败的创新氛围。

创新必须要敢为人先，向未知领域挑战。而要闯、要试就不可能一蹴而就，期间难免会遇到阻滞，遭遇失败。科技项目的失败并不意味着研究过程没有价值，反之，它是改进研究方法、探究新思路乃至发现新的研究领域的契机。只许成功不许失败，只会将创新的可能性扼杀于萌芽期，"以成败论英雄"的惯性思维往往使许多人不敢创新，不愿创新。然而创新失败是再正常不过的事。因此要宽容失败，允许失败。

4. 奖励创新行为

企业应当多奖励创新行为，通过奖励认可一个人的创造能力，并鼓励其参与到企业发展之中来。为其职业发展提供更多的机会，可以增加其对工作的兴趣，提高其创造力。同时员工通过企业重奖创新行为，就能清晰地感受到企业重视创新，并且认为创新会获得更多的好处，这样必然会对创新产生更多的兴趣，从而激发创新热情，踊跃投入创新。越是重奖创新，认可冒险，越能让员工感受到创新优势，激发创造激情。

5. 创造宽松的工作环境

心理研究表明，只有在自由和心理安全的情况下，人们的创造性思维才会畅通无阻的发挥，所以应当使企业的工作氛围更加自由和宽松。对于创新型人才不必机械、刻板地要求上下班时间或是形式上的严格，对于创新人员来说，越是自在自主通常越能自律，也越会表现出更多的积极主动性，也才有可能产生不同寻常的新观点。

6. 激发创新激情

没有激情的工作是单调而乏味的。对于很多人，特别是企业家和内部创业者来说，拥有激情就像是呼吸一样容易。但是有很多人的激情是需要外部刺激和条件激发的。企业要想尽办法最大限度地调动大家的创新激情。要在内部营造崇尚创新、人人创新、尊重创新、鼓励创新的良好氛围。建立健全创新责任机制，结合绩效管理考核，建立科学有效的创新管理目标责任制，以目标取向统一思想、形成合力，调动大家的创新激情。

这正是建设创新文化所要达到的目标之一，创新文化就是要激活企业的创新热情，撒下创新种子，让每一个员工都自觉主动地投入创新之中，成为企业的创意先锋。在创新文化的引导下，企业为员工创造更好的创新环境，员工积极主动地投入到创新中来。员工自动自发地挖掘自身的创新潜能，发挥自己的聪明才智，不仅是为企业发展做贡献，更是为自己的未来奠基。

一、创业的内涵和类型

1. 创业的定义

纵观创业学术研究史，不难发现创业已经充斥社会的各个领域，学者们对创业的定义也是见仁见智。其中有两大学派的定义被广泛接受，以斯蒂芬森为代表的哈佛商学院学派认为，创业是不拘于当前所控制资源而探寻机会并创造价值的过程。以蒂蒙斯为代表的百森商学院学派认为创业是一种思考推理和行动的方法，它不仅要受机会制约，还要求创业者有缜密的实施方法和讲求高度平衡技巧的领导艺术。哈佛商学院学派强调了创业的本质在于把握机会，不是等到资源齐备后再去寻找机会，而是先把握机会，再寻找资源整合。百森商学院学派既强调机会的重要性，同时也强调创业者实现创业并创造价值的方法。

因而，本书结合两派所长，提出如下定义：创业是创业者积极的探寻机会，积极整合资源，充分利用机会实现价值创造的过程。创业具有以下特点：

第一，创业是创造具有"更多价值的"新事物的过程，这个过程并不是有能力、有资金、有头脑就可以达到，还需要有运气，很多人觉得自己各方面条件都很好，但是一做就失败，这就是所谓的运气不太好。

第二，创业即创建一个新的事业，个人需要投入大量的时间精力，付出巨大的努力。

第三，创业需要承担风险，风险不仅仅源自经济方面，还来自精神、社会、家庭等方面。

第四，创业不只是金钱的回报，而且还能实现自我价值和远大理想，带来无穷的欢乐与分享不尽的幸福感受。

2. 创业的要素

蒂蒙斯在长期的研究工作中提炼出了创业要素模型。他认为创业有三个要素：机会、团队和资源。如图 2 所示。

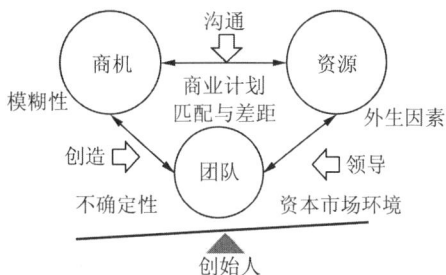

图 2　创业过程的蒂蒙斯模型

第一，创业机会是创业过程的核心驱动力，创始人和创业团队是创业过程中的主导者，资源是创业成功的必要保证。创业过程始于创业机会而不是资金、战略、网络、团队和商业计划。开始创业时，创业机会比团队的能力和资源更重要。在创业过程中资源与商机间经历了一个适应—差距—再适应的动态过程。

第二，创业过程是商业机会、创业者和资源三个要素匹配和均衡的结果。处于模型底部的创始人和创业团队要善于配置和平衡，借此推进创业过程，他们必须做到对商机的理性分析和把握、对风险的认识和规避、对资源的最合理的利用和配置、对创业团队适应性的分析和认识。

第三，创业过程是一个连续不断地寻求平衡的行为组合。在三个要素中绝对的平衡是不存在的，但企业要保持发展必须追求一种动态的平衡。保持平衡的观念展望企业未来使创业者必须思量的问题是：目前的团队是否能领导公司未来的成长、资源状况；下一阶段公司所面临的陷阱。这些问题在不同的阶段以不同的形式出现，牵涉企业的可持续发展。

总之，创始人和创业团队必须在推进业务的过程中，在模糊和不确定的动态的创业环境中，具有创造性地捕捉商机、整合资源和构建战略解决问题的能力，还要勤奋工作、勇于牺牲。

3. 创业类型

（1）生存型创业和机会型创业。该分类依据创业者的创业动机提出将创业分为生存型和机会型两类，一般来说生存型创业被认为是创业行为，处于别无其他更好的选择及不得不参与创业活动来解决所面临的困难。因为所有的其他选择不是没有就是令人不满意，所以创业者必须依靠创业为自己的生存和发展谋求出路。而机会型创业被认为是创业行为的动机，出于个人抓住现有机会并实现价值的强烈愿望，创业来自更好的机会选择，比尔·盖茨创建微软公司显然属于机会型创业。

（2）个体创业和公司创业。按照创业活动的主体差异，可将创业分为个体创业和公司创业。个体创业主要指不依托于某一特定组织而开展的创业活动，而公司创业主要指依托于某一特定组织而开展的创业活动。

（3）商业创业和公益创业。简单说商业创业就是以钱生钱，换言之，就是用一定的启动资金去赚钱，其目的就是创造更多经济价值。而公益创业则不然，它是一些人基于社会使命和责任感为谋取公众社会利益进行的创业行为。公益创业是指个人或者社会组织在社会使命的激发下，追求创新效率和社会效果，以及面向社会需要建立新的组织，向公众提供产品或服务的社会活动。公益创业强调创业的社会利益，以及非营利组织的创业。

二、创业和创新

创新和创业是相辅相成的、无法割裂的关系。创新是创业的手段和基础，创业是创新的载体。在现代经济中，创业的企业必须进行有效的自主创新，只有不断地进行生产技术革新和再创造，才能使所创立的企业生存，与时俱进发展并保持持久的活力。从而达到技术创新成果的商品化和产业化，建立起自主品牌，进而实现技术创新的利润和价值。

创新与创业有着密切的联系，创业者只是通过创新才能使所创的企业生存发展，并保持持久的生命力，尤其是大学毕业生创业更需要有创新意识、创新思维、创新技能、创新品质。如果没有创新，整个的创业链条就会断裂。创新是创业者实现创业的核心，创业者通过创新实现创业，而且创业者要通过创新实现创业理想，而创业精神即是创业者必须具备的品质，是创业者的一种内在品质，也是创新的一种具体表现。

仅仅具备创新精神是远远不够的，它只是为创业成功提供了可能性和必要的准备，如果脱离了创业实践，创新精神也就成了无源之水、无本之木。创新精神所具有的意义，只有作用于创业实践活动才能有所体现，才能最终产生创业的成功，因此创新与创业要有机融入，相辅相成。

创业离不开创新，创业与创新立足于"创"，"创"是共同点、是前提，"创"的目的是出新立业。创新在于所创之业、产品、观念、机制能不能弃旧扬新，标新立异，尊重与推行人民群众的首创精神，能不能适应时势变化，做到解放思想，实事求是，与时俱进，常变常新，推动历史前进；没有创新，创业就无从谈起，创新和创业是密不可分的实践活动。

三、创业者的个人特征

成功的创业者往往具有独特的性格特征和领导风格。有的创业者推崇强势领导；有的随和而大胆授权；有的保守而固执；有的宽容大度。很难说某种领导风格就一定会带来创业的成功或失败。事实上，只要能将任何一种性格特征充分发挥，都会有利于创业。最重要的是，创业者能否坚持创业理想，下面就介绍四个比较普遍的创业者个人特征。

1. 渴望成功

大多数创业者都渴望能够实现卓越，而且在竞争中脱颖而出。成功的创业者都会为组织的发展制定相当难度的目标，并且对所有的规划目标的实现充满渴望。与一般人相比，创业者对成功有近乎偏执的追求。

2. 坚强的毅力

创业是一个跌宕起伏的过程，会碰到各种各样的问题，如人才流失、资金不足、市场不理想、法律问题、产品技术问题等，创业者必须有足够的毅力才能将问题合理解决。在创立阿里巴巴的过程当中，马云及其创业团队并非一帆风顺，也曾经遇到过很多困难，但是他们凭借坚强的毅力最终实现了今天的电子商务帝国。

3. 自信

创业者必须自信。他的自信心会带动整个创业团队的自信。由于创新的风险无处不在，因此必须具有乐观的态度。在李书福创立吉利汽车公司之初，很多经济学家、管理学家都认为他是在妄想，仅凭民间资本根本不可能在汽车这个资本和知识密集的产业中存活。但创业者李书福充满信心，拼搏到今天，吉利已经取得了令人瞠目的成绩，包括成功地收购了沃尔沃、入股奔驰母公司。

4. 自我牺牲

成功的创业者不得不做出自我牺牲，放弃很多看似平常的利益。创业意味着本身要放弃假期、休闲和锻炼。创业成功的代价很高，但创业者往往无怨无悔。

四、创业者的管理能力

创业的最大特征之一就是随之而来的风险。这些风险包括市场和资金等的不确定性、人才的流失、合伙解散等各种情况。但这些风险是可以通过有效的创业管理来降低的。管理学领域有很多知识类别——营销、物流、财务、金融、会计等；但创业者需要整合性的知识，进而构建自己的行动能力。因此，创业者应具有以下几种重要的能力。

1. 战略行动能力

良好的战略行动能力对创业者成功是非常重要的。对于很多创业者来说，战略行动能力是在日常决策的过程中逐渐形成的。对新创企业来说，组织变化非常迅速，战略往往需要根据自身条件和外部环境的变化而不断地调整。因此，新创企业的战略行动过程，就要像做实验那样不断地试错、调整。所有战略决策的制定都应该力求满足客户需求。

2. 计划和管理的能力

尽管计划在执行中需要不断调整，但是创业者仍然需要具备很好的计划能力。与成熟企业不同，创业者的计划时间比较短，通常计划都在三年以内，很少制订过于长远的计划。更普遍的是，每个月都要制订计划，随着组织发展壮大，计划也变得更加概括。管理能力也很重要，在初创阶段，组织的资金短缺，而且没有好的经营业绩，所以吸引顶尖的人才是很困难的，创业者需要亲自扮演多种角色。

3. 团队协作能力

一个人能做的事情非常有限，多数成功的创业都是由团队来完成的。因此，创业者不能做独狼，要有很强的团队协作能力。搭建起高效能的团队对新创组织的成长非常重要，大多数成功的创业者都有极为高效的高层管理团队，仅有3%的总裁独自承担高层管理的决策。创业的团队一般不大，由3～6位管理者组成的，占67%。每个人都有不同的职能，当然，优秀的团队协作能力还可以帮助创业者和价值网络中的其他组织保持良好的伙伴关系。

4. 沟通能力

创业初期创业者最终的任务是为组织寻找投资，那么高效沟通的能力必不可少，创业者常常需要通过非正式和正式形式（演讲、报告、正式提议等），向天使投资、风险投资、政府机构作介绍，那么沟通能力就是对融资成败的关键。

5. 学习能力

创业过程就是一个不断学习发展的过程，创业者在组织运营等各方面的经验都无法与成熟企业相比。因此他们必须不断学习运营知识、了解技术趋势。如果把中国的改革开放视为一场大型的再创业的话，那么邓小平同志的"摸着石头过河"这一论断，正表明了创业是需要不断学习的。

> ## 本章复习思考题

1. 企业家精神的本质是什么？其特征表现为哪些方面？

企业文化管理
——校企协同育人创新实践探索

2. 企业家精神与企业文化相互有什么作用？

3. 创新的内涵和类型是什么？组织如何在文化上促进创新？

4. 创业的类型有哪些？创业者需要怎样的创业管理能力？

案例分析

周晓萍：让星宇车灯照亮世界

学医出身、当过教师的周晓萍，26 年来以前瞻性视野和出色的学习能力，带领星宇车灯股份有限公司树立起了我国车灯行业的民族品牌。

周晓萍，1961 年出生，常州星宇车灯股份有限公司董事长、总经理，常州市新北区政协副主席（兼职），先后荣获"江苏省优秀企业家""十二五·卓越苏商女企业家""常州市劳动模范""常州市明星企业家金质奖章"等荣誉。

星宇车灯股份有限公司成立于 1993 年，是 20 世纪 90 年代全国热衷办三产时武进卫校的一家校办企业。经过 26 年的发展壮大，公司搬迁到常州高新技术开发区民营工业园，是一家研制、生产、销售汽车、摩托车车灯及塑料件的专业厂家，拥有固定资产 3 580 万元，占地面积 26 600 平方米，是行业内最具成长性的企业之一。

公司生产的汽车车灯分别为一汽集团、上汽奇瑞、GM 沈阳公司、神龙富康、北汽福田等国内大型整车厂做配套服务，产品包括前照灯、前后组合灯、雾灯、室内灯、三角警示牌等，部分产品已出口至北美和欧洲。

星宇秉持"爱、感恩、责任"的家文化，立志打造高品质、高效率的竞争优势，成为让员工信赖、客户满意，并具有社会责任的民族品牌标杆企业。

一、勇立潮头：高起点高定位，敢向市场要效益

1993 年，32 岁的周晓萍拿着武进卫校给的 4 万元注册资本，和向同事借的 11.2 万元创办了星宇车灯厂。周晓萍是孟河人，孟河汽车零配件企业众多，她却选择了一条不同的路。

高起点、高定位，为星宇奠定了良好的发展基础。1997 年企业转制，周晓萍彻底放弃教师编制，决定到市场经济中去搏一搏。1999 年，星宇的年销售达到了数千万元，日子过得安稳舒适。而这时，周晓萍再次表现出了她的战略眼光。

1999 年以前，星宇一直做卡车产品，周晓萍意识到卡车产品不能支撑星宇未来的发展，于是开始给一汽大众做一款很小的车灯。这是星宇进入大众的一个敲门砖，正是这个产品，星宇进入一汽大众的配套体系，从而学会了大众的管理方法。

进入 21 世纪后，随着人民生活水平的提高，我国轿车市场飞速发展。周晓萍抓住了这一重大市场机遇。2011 年，星宇成为国内首家上市的车灯企业。七年来，星宇不仅从资本市场融资 28 亿元，更提升了企业的创新能力，从后车灯到前大灯，再到智能车灯，上市后的星宇在国外著名整车厂中打响了品牌，实现了奥迪、奔驰、宝马、日产等全球一流客户的产品全覆盖，实现了核心竞争力的飞跃，多年来产销量位居江苏省车灯行业第一位，年销售额突破 40 亿元。

二、责任担当：为了职工的饭碗，打造民族品牌之路

周晓萍说："所有能够用钱买来的东西，对于星宇来说都是不值钱的。星宇最值钱的就是我的团队。"在 20 多年的创业道路上，她时时刻刻提醒自己倡导企业的每一个个体必须具备强烈的责任意识，自觉履行社会责任。

2005 年年底是星宇命运的一个转折期。随着一汽业务的稳固提升，奇瑞等内资品牌车厂业务的蓬勃发展，以及丰田等日系项目的崭露头角，星宇的规模逐步扩大，已由一个名不见经传的民营小企业逐步成长为一个引人注目的内资企业的佼佼者。适逢国际投资第五次并购高潮方兴未艾，外资纷纷采取并购方式进入中国，直接并购我国各行业的龙头企业。意大利 AL 公司对星宇良好的发展趋势十分关注，为发展其在中国的业务，提出收购星宇，为表诚意，AL 总裁亲自飞到中国想要洽谈此事。

资本市场，现金为王。而星宇此时的规模已接近 2 亿元，是砥砺前行，继续拼搏，还是急流勇退，见好就收？这块诱人的金钱馅饼，使周晓萍陷入了抉择。

但如果星宇被外资收购，必定会面临改制，500 多名员工将会有失业的危险。20 多年创业的曲折与挑战，培养了周晓萍坚强的责任意识和敢于担当的品质。当星宇站在这个生死存亡的岔路口，当 500 名星宇人的幸福岌岌可危之际，她并没有迷失方向，就像当时放弃安逸的学校领导岗位那样，再一次选择了唾弃安逸，开启了新的创业历程。而这个选择也使周晓萍意识到，团队是最大的财富，星宇能够创造更多的社会价值。

她坦诚而又庄重地向员工宣布：星宇要走自主品牌建设之路，走持

续成长之路，走民族车灯发展之路。唯有坚持，才能达到星宇人的目标，而这也是行业和时代赋予星宇的责任。梦想为安身之魂，责任为立命之本，担当是成事之要。"星宇车灯，照亮世界"——不仅仅是梦。

三、精品意识：把诚信和关爱列入制度

周晓萍奉行"人品铸就产品"，做企业像做人一样，遵德守诚。在她的带领下，公司成为国内车灯行业第一个上市企业，产销量居车灯行业民族品牌第一位。公司将诚信列为管理的第一要素，重视诚信制度建设，通过推行卓越绩效管理，严把质量关，产品质量得到国内外客户一致认可。推行诚信文化管理，制定公司诚信条例，设立员工个人诚信档案，并将考核内容与年底绩效、股权激励挂钩，严格要求供应商必须遵守"阳光工程"，每年定期与供应商召开诚信工作会议，及时通报诚信信息和案例。公司先后荣获"全国守合同重信用企业""省工业企业质量信用 AAA 级企业"等称号。

周晓萍 30 多岁时告别三尺讲台，开始学习经营企业。她 50 多岁开始学英语、读 EMBA。26 年来，周晓萍不断学习、不断挑战自我。在她的示范引领下，在企业内形成爱学习求进步的学习型组织气氛，车间构建了质量小组和科技攻关能力体系。

"爱"是星宇人作为企业人的基础，目的是创建和谐的工作氛围。公司对员工的爱体现在公司为员工搭建一个成长平台，公司承诺：员工在公司工作期间，将受到不断挑战，能不断学习和进步；管理者对员工的爱是对员工的做人、做事负责，对员工的发展负责。"感恩"是星宇人的做事原则，星宇人需要懂得感恩、懂得付出；星宇人要善待员工、尊重客户、回报股东、回馈社会，随着星宇的成长，为更多的人创造价值。"责任"是星宇人的承诺；责任需要每一位员工对家庭负责、对工作负责、对客户负责、对企业负责、对社会负责。作为个人，要以爱心、感恩心做人；作为团队，团队成员之间要团结友爱，感恩奉献，共担责任；作为企业，要有爱心、知感恩、担责任。

案例思考题

1. 星宇公司的家文化的内涵是什么？
2. 企业家精神在周晓萍身上有何体现？
3. 星宇公司的创新精神给你哪些启发？

第八章　互联网时代的企业文化

第一节
互联网时代的企业经营理念

进入 21 世纪以来，全球化、网络化、信息化、科技化水平进一步提高，颠覆式的创新层出不穷，人与人之间的连接关系发生了质的改变，企业在迎来许多机遇的同时也接受了很多挑战。当前，中国经济发展模式亟待转型，中国的经济发展模式进入新常态，经济增长速度将回落到 7% 上下。一方面传统制造业产能过剩非常突出，另一方面资源环境约束日益显现。以创新驱动战略性新兴产业发展，优化产业结构就显得迫在眉睫。基于互联网的企业文化建设是一个企业发展的动力源泉，对于提高企业的管理水平、增强企业的凝聚力、深化企业的核心竞争力等具有重要作用。

一、互联网时代企业组织的新特征

互联网给人们的生活带来了显著变化，它所体现出来的比以前更开放、更透明的价值体系，贯穿于各种价值体系中，在现实生活中表现出明显的特点。互联网作为一种文化，拥有自己的时代特征。总的来说，企业需要重点关注互联网"网状互联"和"平台运作"两方面的时代特征。

1. 网状互联

即基于互联网技术，虚拟世界与现实世界泛在连接，从而使得现实世界范围扩大，出现上下贯通、左右无界的总体趋势。在企业中，网络化带来的扁平化组织代替了传统的科层组织，提高了组织的效率，对市场变化能更好地做出反应。最主要的是，网状互联带来的扁平组织会把企业、员工和客户联系在一起，组成一个"利益共同体"。传统意义上的科层组织中，员工都是服从领导指挥的，但是在互联网时代，员工和领导都是听从客户的，一切以客户为中心，为客户服务，所有的产品均是应客户需求而生的。一旦企业与客户形成良性互动，客户将会为自己享有的特殊服务和得到的利益而愿意付出更多的费用。这样的利益共同体，是网络化时代的扁平组织对企业造成的最大的影响。

2. 平台运作

即资源通过快速配置平台而实现资源利用价值最大化的总体进程。钱德勒曾说，"规模与范围"是推动一个企业经济发展的不竭动力，但是在互联网时代，网络平台才是一个企业发展壮大的动力源泉。平台化的优势在于有一个比较完善的平台系统和机制，在这里，企业会得到鼓励去与其他企业进行互动，从而形成一个潜力巨大的企业平台生态圈。

互联网的平台化特征，帮助企业形成一套相对稳定的运作系统，通过价值链端到端打通、标准设计、有效的重复利用等手段，使企业能更大限度地应对不断变化的市场环境，互联网的平台化对企业运营影响巨大，这些影响主要通过以下的方式来产生：首先它提供的是端到端的平台，从建立、开发、集成，到最后的部署，十分完整。然后它建立完全符合标准的设计来加速企业价值的运转。它所建立的平台可以减少企业内部的混乱，增加企业对未来的预测性，从而提高企业当期效率，降低企业远期风险。同时，在这个平台上，企业的流程、技能、生命周期工具和资产是被允许重复利用的。

二、互联网时代对企业文化的影响

在互联网时代，以互联网思维为代表的新生经济力量改变了传统产业结构、经营模式、营销战略，全面渗透进入微观经济领域企业管理各个方面。

1. 影响一

互联网突破了产业或行业边界，带来了文化多元、思想多元和"互联网思维"，而"互联网＋企业文化"将社会公众对互联网的认识从一种新的技术形态或工具提升为管理创新思维方式。

"互联网思维"指充分利用互联网精神、价值、技术、方法、规则和机会，指导、处理、创新生活和工作的一种思维方式。该模式下，企业文化出现了一些新特征：如以人为本、尊重员工，以用户为中心和注重企业创新；与培育新经济、转换"新动能"大环境相适应，形成自己的特色，等等。

"80后""90后"被认为是"自我意识觉醒"、具有"互联网思维"

的一代，他们对金钱的需求退居其次，与父辈比，更加关注自己与所从事的职业，所供职企业之间的精神契合。也就是说，在互联网时代成长起来的一代，对自己与企业的价值观、思维模式、行为模式要求更多了。

基于此，文化管理必须适应社会发展变化，反映新生代知识型员工群体"寻求一种新的工作方式"等需求，用更多的软性激励留住员工，以无形感染力和渗透力推动企业文化管理形成强大凝聚力。微信、淘宝、抖音、快手及很多新创公司，都非常重视研究"80后""90后"新生代群体思维模式，"以人为中心"构建"人性化"文化体系，淡化等级制度，不看出勤率只看结果，给员工更多自由时间，激发员工自觉行为，真正吸引并留住知识型员工或高端人才。

2. 影响二

互联网虚拟空间打破了国界或疆界，优化了企业信息对称与共享。大家地位平等、没有级别高低，这种平等诉求直接冲击组织，淡化了职工层级观念和服从意识，削弱了"忠诚度"，但增强了员工的民主意识和参与意识。

在互联网信息社会，没有国界，也打破了思想疆界。互联网虚拟世界带来的海量信息打开了眼界，职工思想更开放、价值追求更趋多样化、物质要求更高，企业激励难度更大；职工工作选择余地大，对忠诚度、敬业精神和奉献精神受到较大冲击，流动率上升。

3. 影响三

"互联网＋企业文化"强化"我为人人、人人助我"互联网思维，很多企业国际并购、混改后，形成双向、内外的网状传播和互动传播方式，企业文化冲突日趋常态化，文化冲突范围更广、冲突激烈程度不断升级，表现形式更加多样化。

互联网打破了文化传播媒介垄断，员工成为媒介信息的生产者、传播者和受益者。文化冲突是企业文化发展过程中，不同特质文化相互接触、交流时产生的撞击、对抗和竞争，是由不同特质文化所构成的基本价值观之间的过分悬殊造成的。互联网时代里，企业文化加速传播，冲突不可避免，且处于一种常态。而常态的文化冲突又带来了文化整合、创新和变革，推动文化进步。

总之，在互联网时代，企业只有主动适应环境变化，用互联网思维变革企业文化建设与文化管理，既利用传统文化传播渠道，又注重互联网条件下企业文化的民主性、互动性、共享性和社会性，发挥新媒体、自媒体的积极作用，才能把企业文化建设好、管理好。

三、互联网时代的企业文化构建

1. 以"用户互联"为基本假设

移动互联网为经济社会发展带来了方方面面的影响，引发了企业内外部经营环境的深刻变化。在这种大背景下，企业的文化建设面临着许多新的挑战。互联网时代，员工从传统意义上的"雇员"，逐渐演变为企业内部的"用户"。之所以这样说，是因为信息通信技术的日趋发达，让大众的消费行为，或者其他经济社会行为更具自我主导性。消费者纵向上掌握了相较以往的更多信息，因此也获得了做出个人消费决策的更多线索。在与其他市场主体的互动中，消费者的决策及其行为更趋理性，对于外界的各种信号更具独立性和抗干扰能力。这改变了市场经济活动的传统格局——卖方的影响力逐步被削弱，买方逐渐拥有消费主权。企业的员工同时也是普通消费者的一员，受消费主权意识氛围的渲染，在人格意义上固化了"用户"的自我认同。这种认同延伸影响到其所在的企业，决定了员工将更为自发自主地认识和理解企业。

即便是在企业的大环境中，员工也因为掌握信息的渠道、资源等更为多元和丰富，而在横向上获得了足以阻滞和筛选企业自上而下传递信息的能力。企业与员工之间的信息对称性呈加强之势，员工受企业"任意引导"的可能性越来越小。这也客观上巩固了员工作为企业"内部用户"的角色定位。文化建设无法忽略其受众，也即广大员工成为"用户"的现实。文化能不能落实，取决于其所面向的用户能不能理解和内化。

更为重要的是，用户往往是互联的。所谓互联，即人与人之间、组织与组织之间存在的基于开放互动的交互模式。长久以来，信息的传播、抑或资源的配置都是单线的。单个个体之间、单个组织之间的互动在不断深化，但不同个体之间、不同组织之间的交互却难以拓展。即便在桌面互联网时期，互联实时化依然无法获得本质上的实现。而进入移动互联时代，真正意义上的互联才步入人们的视野——随时随地，几乎没有时空限制的泛在连接成为可能。个体与组织之间的距离在缩短，互动更便利、快捷、透明、零距离将成为社会交互模式的核心范畴。

2. 真正形成以人为本的价值观

移动互联网浪潮迅猛而来，企业面临内部思想意识、行为方式、人际关系等的深刻变化。文化一定要落实到员工心中，才可能焕发出企业成长的根本动力。从这个角度说，员工成为检验文化建设成功与否的唯一维度。正如市场主体中的用户一样，在企业语境中，员工忠诚于自己的体验，体验由其实际感知及心中期望共同决定，而"互联"又使得员工群体的体验不断地生成化学反应后的结果。扁平化组织与传统组织相比，给企业带来的显著变化就是让员工以客户为中心，在满足客户需求的同时实现自我价值。可以看出，在现代化的企业管理中，整个管理的重心已经发生了转变，由原来的以领导为中心逐渐转变为现在的以员工为中心，领导帮助员工去满足客户需求，从而领导的任务也发生改变，转为帮助员工实现个人价值和为企业实现集体价值。

3. 提升文化管理在企业经营中的作用

企业文化宣传的工作内容也发生了很大转变，更多的是强调企业自身特有的文化及这种文化的引导力和对员工的约束力，但在互联网时代，我们要做的是通过引导及各种途径的信息传递等，让企业中的每个员工都明白怎么才能把更好地完成事情，都清楚自己每天的任务是什么，都知道应该以什么样的标准来要求自己，这才是一个企业以文化为中心而形成的自己的管理体制。企业管理从最开始的古典管理到科学管理，现在又发展到文化管理，要求企业必须明白为什么会有这样的发展，认识到文化管理成为企业管理最高阶段的意义。互联网时代下，组织的自我约束能力决定了组织的有效性，而这种约束能力完全是靠文化和管理来实现的。

四、互联网时代企业经营策略的调整

1. 思维创新策略

对于企业而言，在竞争如此激烈的社会环境下，只有不断地进行创新，企业才能发展下去。企业文化创新的关键是思维的创新。因为意识决定物质，一个人的思维决定着他的行为。要创新，就要摒弃原有的思维方式，首先从观念上改变，有创新的意识，在整个企业中营造一种"创新立企"氛围，鼓励每个员工发挥自己的创新精神。当前，文化创新的基本点在于：一是重新梳理企业文化建设的基本环境，即组织扁平化，层级大幅压缩；控制式管理的空间逐渐被个性化管理替代；员工受众的思维和行为方式发生改变。二是推行适应环境变化的文化建设思路，营造参与感，让企业文化最大的用户来参与建设；面对互联网的新生代构建更加合适的影响模式；对于正式组织和非正式组织做好必要的引导和修正；把握用户特点，解决其"痛点"和"兴奋点"。

当然，文化产出的思路也需要更为开放，要能够构建起用户导向的企业文化产出机制。文化的传递和推广，往往要依靠具体的文化产品来承载。借鉴集成产品开发机制的思路，文化产品生产的专业线与产出线也应分开。专业线侧重对用户需求的理解、特点的把握、文化制造能力的提升。产出线侧重全流程地跟踪用户需求，形成面向用户的文化产品。

2. 文化培养的差异化与多样化策略

创新的基本要求就是差异的存在。对于一个企业来说，产品越是与别人有差异，越是有特色，才会越有市场，越有竞争优势。企业自身有特色，员工也会为自己的企业骄傲，感觉和其他企业不一样，产品差异化的存在，也使得员工每天面对不同的产品，有干劲。在追求产品差异化的同时，也要注意产品的多样化，以满足不同客户的需求。这就对企业产品的创新力度提出了更高的要求。

3. 提升以人为本的企业文化竞争力

随着社会的不断发展，企业越来越注重人的感受，人的地位。企业管理模式应该从以前的物的管理转向人的管理，使"人本管理"理念深入人心。一般人在集体中都会有这样一种矛盾心理：一方面希望自己可以很好地融入集体中，与其他同事齐心协力，发挥团队精神，共同为集体做贡献；而另一方面，自己又希望自己可以在集体中表现优秀，更加突出一点。企业必须注重个人价值，以多个人的价值来实现集体价值。21 世纪是人才竞争的世纪，企业必须意识到在所有的财富中，人力资源是最宝贵的一笔财富。

4. 培养学习型组织，建立创新企业

企业的创新精神来源于全体员工的文化素养和技能，培养学习型组织，不仅可以增强企业的整体素质和创新能力，而且会增强员工的认同感，培养积极性。通过建立学习型组织，可以在企业中培养"全体学习""终身学习"的氛围和不断创新、全体创新的行为准则。企业的领导要起带头作用，从自身做起，不断学习，不断创新，为员工树立榜样。企业上下还要有共同的目标，形成强大的向心力，为同一目标奋斗，自觉为企业负责，形成学习与知识共享意识。

文化是一家企业长期建设、长期回报的系统工程。文化只有形成切实有效的产出，才能起到推动企业经营发展的作用。互联网时代，文化建设必然需要把握用户互联的基本趋势，才能形成有效产出，产生实际价值。一个企业要想在新形势下立于不败之地，一定要不断地对自身文化进行创新，清楚地认识自己的不足，及时进行有效的改正，从根本上提高自己的竞争优势。将文化创新放在首位，强化知识的管理和人文的管理，为企业的发展提供一个更优良的环境。

互联网时代企业文化理念

互联时代对传统企业提出挑战，所有的企业都面临着重新洗牌的机遇。同时，人们也对互联时代的企业文化创新抱有浓厚的兴趣和积极的探索精神。互联时代的企业到底应该坚持树立和发挥哪些文化理念，才能做到激活个体、激发企业，使之成为时代的企业？根据大多数实践者和研究者对互联时代商业环境、互联关系、商业理念的基本共识，我们从经营、竞争、组织和领导四个方面出发提炼出了互联时代的企业文化新理念。

一、共享共赢的平台文化

在互联网日益深度应用的环境下，最近一两年众筹、众包、众享等概念与现象已经广泛地在社会扎根并传播开来。在这些现象、概念和事实上，共享经济作为一种经济形态和文化产业登上了互联社会的舞台。从商业模式上看，共享经济的产生是在互联条件下，当社群理念、社群需求、社群市场、社群资源、社群行为、共享融合后，产生了价值创造与快速成长的可能，产生了社会商业资源单向度和不对称的应用通道，产生了共享共赢的经济模式。我们注意到共享经济的产生，除了得益于互联的技术条件外，更重要的核心实际上是互联社群可以共享的理念、需求和行为，这些正是互联社会和共享商业发展的核心文化要素。

共享共赢作为一个组织文化概念，其实并不难理解。它是指在互联信息的条件下，基于合作共识、共有信任和制度可靠性，市场主体通过供给、让渡资源和资本，共同互惠合作创造价值，获得合意的价值收益与精神获得感。

人类对于合作的需求与合作的认同，从来没有淡忘过。正如文化人类学大师马林诺夫斯基所指出的："在如像那最原始初民寻觅野食一般的简单动作中也有一定的合作的。在一家中有分工，在社区中各家之间又有合作。"在现代经济社会中，合作行为的发生，从文化上而言，一定要有理性需求的共识、信任的桥梁和制度平台的链接。当市场主体共同认为某一事项有重大价值，又能满足社会心理需求，且必须通过紧密合作才能够成功或者效果更好时，合作共享的共识便容易达成，滴滴打车和优步打车的迅速崛起，实际上是以下两者"需求共享共识"的对接，即车主希望能够借助互联平台快捷高效地找到用车者，增加汽车使用的经济性、效益性，并提供个性化用车服务，同时乘客希望能够借助互联平台获得快捷便利、优质用车的服务，滴滴和优步两家公司都发现了这种需求共识，开发了满足两种主体的快捷高效和可靠的平台，建立了两者共同信任的社会桥梁。因此，一经推出便迅速被市场主体所接受。

在互联网时代，全职工作将不再是一个人的身份标签或者唯一的收入来源，他可能同时是滴滴司机、爱彼迎房东、饿了么快递小哥、猪八戒网络工程师达人。在这些共享经济平台，人们可以灵活地交换时间、技能和金钱，找到最适合自己的生活方式，甚至还可以从中交到不同圈子的朋友，获得新的技能和职业机会。很显然，在这样的时代，个体机会和自我实现被充分激活，个体不依赖组织而发展的可能性大增，那么在这样的形势下，组织遇到的重大挑战是员工依靠业务能力，自主独立地创造价值，实现经济独立乃至收益最大化，这与组织通过科层管理控制资源与价值分配的组织传统模式越来越难融合。简而言之，就是传统的员工雇佣模式对于员工的价值感和归属感在快速下降。这时候，建立共享和共赢的合作共享型的平台文化是互联时代组织必须探索的企业文化的发展方向。

二、跨界创变的竞争文化

现在企业竞争，无论是基于成本、资源、技术、并购的竞争，还是基于人才、能力、信息、联盟的竞争，其共同点都表现为在同行业内部开展竞争。另外企业的创新也主要表现在产业内部开展的科技研发、产品结构、业态模式的核心竞争力获取与维护。但在互联时代伴随着互联信息的广泛扩散，科学技术的快速传递与共享、云端资源及大数据技术的发展，人才的快速互联协同，企业内外部和行业内外的竞争形态正发生着巨变。

也就是说互联时代企业面临的商业环境更加具有不确定性，这种不确定性表现在多个方面，比如用户不再是企业或产品的消极接受者，而是企

企业文化管理
——校企协同育人创新实践探索

业生产经营的积极介入者，青岛红领服饰创造的 C2M，即顾客决定生产的商业模式就是对这种趋势的回应。又比如，行业的强势竞争对手可能不再是长期的死对头，而是颠覆本行业商业规则并占得先机的行业外企业或行业新手，如淘宝、京东对传统零售行业的颠覆，又如乐视电视生态圈，对电视机的产业和破局都是这种商业竞争突变的实例。

在互联网时代，"未来已来"的环境不确定性是企业发展必须面对的新常态，这种不确定性有 5 个特征（要素）。一是机会源的变化。例如客户的变化创意性和共享性用户的出现带来企业人才与商业模式变革的机会。二是生活方式的改变。例如移动互联网、智能手机的普及，以及信息消费的低成本带来的随时消费、随时朋友圈分享、全时移动工作、随时资源信息互换等，这些生活和工作方式的改变，让企业研发、生产、分配、消费必然呈现社交化、社会化特征。三是渠道的变化。企业与消费者的连接桥梁变了，以前两者间还有许多相应的中间商来维持，随着"互联网+"的大幅度普及，企业与消费者的关联出现了更多模式，如 B2B、B2C 和 C2C，导致商业回归人性。随着互联网的完善，未来的商业本质是数据。企业寻找精准的客户依靠的是数据，同时互联网打破了组织内部的壁垒，从原来的分工到现在的协同，建立起生态协同的系统逻辑。四是竞争对手的不确定性。2014 年年初，继烟草大王褚时健种出"褚橙"，IT 界大佬柳传志开卖"柳桃"之后，地产界大佬潘石屹也开卖水果了。这些不同行业的企业领导人，依靠自己的社会影响力，搭配出其不意的营销方式，让几元钱一斤售卖的水果变成几十元一颗来售卖，着实给原行业的经营者上了一节让他们醍醐灌顶的课。五是共享经济带来的变革。在共享经济时代，借助网络，信息平台已然将生产者与消费者、企业行业的边界打破，加快了价值提升速度，重构出新的商业模式。同时这种模式具有低成本多元化、无形资产，高效网络的特点。对商业竞争环境和条件的变化与快速迭代，企业的经营文化应融入跨界创变的文化基因，确立自己以变化应对变化的战略新常态。这里所说的跨界创变文化主要是指企业超越自身组织和行业的边界和惯性，突破组织内外部边界和规则定势，引入和企业经营相匹配的知识技术和手法，从而跨越边界实现变革并走向成功，当企业将这种跨界创变作为一种常态或习惯时，便具有了跨界创变的文化基因。

在建立跨界创变的文化时应当注意以下几点：第一，善待不确定性，做变革的弄潮儿。在面对不确定性时，要懂得学会包容，接纳变化，这种开放的心态能够避免为了保护自己而做出不恰当的抵触，影响最终的目标。面对巨变时代不确定的组织环境，领导者必须打破常规，破除组织刚性，为组织灌输全新的价值，并且有足够的韧性和坚持。第二，激发和鼓励员工的持续创造力，尤其是培养其跨界创新的能力。无论什么时候，我们都不能忘记"你不是一个人在战斗"，特别是在个体能力与活性快速增长的时代，激活组织中的个体，企业的跨界创变就成功了大半。想一切办法让员工获得更大的工作自主性和自由发展的空间，并同时要求和鼓励他们具有更大的责任感，通过新的模式，将自由与责任完美地链接起来，就一定会激活员工跨界创新的动力和能力。如海尔提出"人人是创客"，为有想法、有执行力的员工团队提供平台资源，并要求他们为自己的想法买单，激活了员工的个体价值，创造了海尔发展的新动能。第三，建立基于改变的双业务模式，去面对各种不确定性。因为要活下去，所以要创新，拼命地变革，不然就活不下去，对于正在开展的业务通过内部优化和改变，使其保持持续的盈利能力，为跨界创业提供条件。在此基础上跨界，探索跨界创新或者引入全新的商业模式，抓住机会窗口进入的新行业，进入新的行业或者跨越本行业经营的传统边界，创造新的业务模式和全新的产品。第四，要宽容失败，跨界创变，往往失败的机会更高，或需要经者历多次挫折与失败。因此，跨界企业的跨界创建文化必须引入宽容失败的文化因子，才能有利于跨界创建氛围的形成。

三、开放包容的组织文化

随着移动互联网的快速发展，用户主导企业经营，企业团队变小，管理层级减少，速度变快，高度信息化已经让组织高度透明，架构庞大、制度呆板、流程复杂、效率低下的传统层级式或金字塔式组织结构，已经不再适应快速变化的市场环境，正在被扁平化的组织结构、弹性的工作模式和团队合作的机制等所代替。企业必须尽早且勇于砸掉自己的旧世界，砸掉自己的功劳簿，充分意识到在互联网时代，用户与企业，企业与员工正在发生变化。第一个改变是企业和用户之间是零距离，从原来企业大规模制造变成大规模定制，所以生产线要改变。第二个改变是去中心化，互联网时代每个人都是中心，也就是没有中心，没有领导，因此科层制也需要被改变。第三个改变是分布式管理，企业可以利用全球的资源，全球就是企业的人力资源部。

许多专家在探讨互联网精神时，虽然各有不同的观点，但几乎都认同，将"自由、开放、共享、兼容"作为互联网的基本精神，这些基本精神基本上决定了，互联网的组织是一种"水样组织"，自身要素简单（一

企业文化管理
——校企协同育人创新实践探索

个氢原子和两个氧原子），组织形态柔性适变，包容聚合异质要素，保持动态活力。这样的组织有两个鲜明的特点：开放互联和柔性包容。

第一，互联时代的开放互联就是要在组织之间和组织内部保持多边互联互通，在组织外部，企业不再追求一枝独秀，开始寻求开放合作，如人人网和MSN当时的合作是拉动彼此业务增长的明智之举，人人网需要的就是和职业人士的交流沟通等，MSN上都是企业用户，两者的开放互联带来了一个双赢的结果。在组织内部各部门边界逐渐模糊，各部门之间能够加强合作，互通有无，使组织的凝聚力更强，共同为一个目标奋斗。企业的文化正在从传统的等级制度文化向团结协作的文化转变。

第二，互联时代组织的柔性包容是要在组织外部保持弹性、开放、吸收、净化的行动特征。柔软是水的重要物理特性——水可以适应任何形状的器皿，可挥洒、可吸收、可挥发、可耐压、可自由渗透。这种柔软的特性，使其具有强大的生命力、承受力和适变性。在互联时代，组织应当像水一样，从产品设计、品牌印象、服务管理，到企业文化、管理制度、领导行为、员工管理，都具有亲和性，对任何竞争环境、市场环境、经济政策、技术环境的变化具有灵活调整和快速适应的能力。

互联时代的这种组织特性，要求其匹配的组织文化具有开放包容的文化特质，这种文化特质主要就指企业的管理、领导和组织行为必须具有文化心智的开放性，文化心态的包容性、结构边界的开放性。

首先文化心智的开放性，当代人类社会知识的新陈代谢速度，远远超越了以往任何时代。有研究指出当前知识更新的周期在 1～3 年，而 100 年前这个周期还是 50 年，甚至有人指出，人们对知识的学习速度已经赶不上知识更新的速度。另外，互联时代由于虚拟空间存在，信息互联超越了时空限制，并且虚拟世界和实体世界的边界也在模糊，企业商业环境的风险和机会同时都有了"不确定性"。这意味着内部创新更加艰难，外部创新随时出现。此外，其还在一定阶段会出现不稳定发展现象，问题基本出在其组织文化的不持续开放上，让企业丢失了实现自我变革的机会。在这种情况下，依靠特定个体，特定群体是无法胜任不确定性的挑战和机遇的。企业在创新、决策、执行、协调方面要保持心智逻辑的开放性，从任何可能的做法，甚至看似荒谬的想法中发现其合理的火种。文化心智的开放性对于企业在互联时代的创新战略尤其有价值：许多企业引入"开放式创新"理念，均衡协调企业内外部资源来产生新思想，综合利用企业内外各种资源，通过各种方式如技术合伙、战略同盟等来为创新活动服务。随着互联网的盛行与普及，以及信息和数据的价值越来越凸显，开放式创新已经逐渐成为企业创新的主导模式。

其次是文化心态的包容性。人们在树林里找不到两片一模一样的树叶，同样在世界文化大花园中，也不存在两种一模一样的文化。不同个体、组织和民族之间，因其成长环境、成长路径、语言、个性偏好、群体关系的因素，呈现文化的差异乃至多样性。在个体价值崛起的互联时代，不同个体、社群组织之间的多样性、个性化、创意性发展和展示将是一种文化发展的新常态。针对这种现实情况，不论是个体还是企业组织都应当秉持文化的包容性心态，吸收借鉴其他文化中优秀和先进之处为自己所用，并对其他文化采取友好和相容的态度，而不是排斥与对立。汽车业的新宠特斯拉公司的员工来自各行各业，有原来做电动汽车媒体的，也有做过潜水教练、调酒师的。但是特斯拉觉得这些背景跟经历并不重要，只要员工认同特斯拉的文化和企业想做的事情即可。中国的企业完全可以吸引这样的人过来，企业有包容度就可以给他们一片天空，一个平台，让他们自由发展，自由创新。在心态包容性上，企业还应当对本企业的员工个性化、创造性工作行为有包容的心态，不苛责员工的错误或者失败，而是给予适当的鼓励，这样就会营造一种宽松、愉悦的精神环境，大大激发员工的主动精神和创造精神。

最后是结构边界的开放性。这里的结构边界开放性，既指文化结构边界的开放性，也指组织结构边界的开放性，在互联网的技术和经营环境中，企业的经营和竞争仍然需要依靠组织，但这种组织不应是容易僵化、固化、指挥链过长、厌恶变革、反应滞后的组织结构，而应该像水一样具有灵活韧性，本身结构简单却可以净化万物，人员合作吸附能力强，稳定性与可塑性均较强。这种组织的文化结构重要特点就是结构边界的开放性，呈现一种具有文化相融的"有组织无结构"的无边界组织状态。美国通用电气的前董事长兼 CEO 杰克·韦尔奇先生这样描述结构开放性的无边界理念："预想中的无边界公司应该将各个职能部门之间的障碍全部消除，工程、生产、营销及其他部门之间能够自由沟通，完全透明。"近年来，海尔集团在张瑞敏带领下开展的"砸组织、创客化"的行动，就是确立一种文化与组织的结构边界开放的行动，这种行动还被称为"外去中间商，内去隔热层"，"内去隔热层"就是将内部的管理层去掉，海尔将全国2 800 个县的信息直接和总部的信息中心连在一起，这样中间管理层的4 000 多人全部都要下岗，之所以这样做，也是适应市场法则。这是个消费者主权的时代，也是一个草根逆袭的时代，还是一个市场力量迭代的时代。

四、自治参与的员工文化

奇笛网刊载过一篇标题骇人的文章"是时候让领导闭嘴了——互联网时代下个人领导力提升",将互联网时代个体的作用和对组织的贡献提高到革命性地位,文中提到,在当今互联网时代,也就是直联时代下,个体的因素被不断放大,放大到成为一种所谓的"个体革命"。这对现存的很多商业模式和商业逻辑都造成了特别大的冲击,那么在个体革命这种大的背景之下,我们个人应该如何把握这个背景,提高自己的领导能力或生存能力,就成为一个非常现实的问题。

该文章的标题与观点稍有偏激,但不可否认的是,互联网时代个体风格、价值能量、自我动能性,正在被极大地激发出来。互联网是一个开放的平台,人们自愿进入其中,发表评论,选择与接受信息,所有行为都是个体的自主行为。从一开始的论坛、博客到现在的微博、微信,互联网的发展为个体的这些自主行为提供了越来越多的渠道。在网络时代,人人都可以做自媒体,人们通过自媒体平台分享自己的所见所闻,分享他们对某一社会问题的观点和建议,打破了传统媒体的条条框框,更加平民化、大众化。

另外互联网为人们提供了各种机会。因此越来越多的人选择自主创业这些人往往具有较强的个性。在过去,人们习惯性地认为个性强是一种不成熟的表现,于是人们只能在世俗的眼光中遵从教条、压抑自我,不敢大胆尝试新思路、新想法。但在网络时代,想要追求成功与发展,个性解放是首要条件,只要我们留心观察,会发现当代成功的企业家,多数都是传统观念中所谓的"怪人",他们特立独行,张扬个性,为他人之不敢为。

在现代企业,尤其是科技企业和现代服务企业中,新生代员工多是受过良好教育的知识型员工。与一般的员工相比,知识型工作者对其所从事的工作具有控制和支配的权利,同时也承担一定的工作责任。自主性的特点使得知识型工作者在工作中具有较强的独立性,不愿意接受他人的控制,能够进行自我管理和自我控制。这种自主性也使得知识型工作者有较强的创造能力,他们所从事的工作具有多变性,这就要求知识型工作者在变动的环境中充分发挥自己的主观能动性,创造出新的产品、技术或商业模式。

在个性价值彰显,知识型员工"知本"诉求突出、追求个性发展的新生代员工大量涌入、共享经济形态崛起、用户主导生产和不确定的商业环境频生的情势下，工商企业进入一个必须重新定义"员工与组织"文化关系的时代。传统的基于个体与组织雇佣契约而产生的依附性文化关系正在消解，而这样的文化组织中，"自上而下"的支配性组织行为主导着员工的生活与工作的全部，绝大部分员工都处于被动接受工作分工、岗位要求、资源调配，乃至工作考核和收益分配的状态中，甚至员工的工作主动性和创造性也属于被调动型，在这种组织文化中，个体目标绝对服从或服务于集体目标，个性化的需求一般被忽视或者同化于集体的需要中。这种组织文化的优点，就是分工明确、集中统一，培养集体主义精神，集中力量打歼灭战。其缺点就是压抑个性，扼杀个体自由的心性，伤害个体创造力最终也会让企业进入臃肿的官僚主义体系状态。

这种依附文化显然与互联网时代个体与社会发展的大趋势难以相融，人们之所以不再愿意陷入一种雇佣关系中，一方面是源于技术带来的更多机会和挑战，另一方面是由于雇佣关系本身会伤害到人们创造能力的发挥。尤其是对于大型组织及历史悠久的组织，其雇佣关系，导致人们之间的角色固化、层级固化，从而滋生出一个固化的官僚机构，进而导致信息的僵化与功能的僵化；特别是下级必须服从上级的心理契约，使得人们无法真正发挥自己的创造性，导致真正有创造力的人会因为雇员的身份和组织的约束，根本无法做出有价值的创造。

由此看来，稳固发展了100多年的组织生态正在发生更大范围的动摇。人们发现，越来越多的组织正在进行着这样的调试，相较于原来组织变得更加扁平，去中心甚至开始变得无边界，换言之组织似乎在慢慢地消失。在组织被信息科技的力量不断解构的同时，我们看到了个体力量的崛起。一方面，越来越多的个体选择通过自身而不是组织创造性的向社会提供产品和服务，从而创造利润，实现自我价值。网红经济的产生真是个体自我证明"个体价值"的一种经济形态。另一方面加入组织的个体越来越强调，企业组织对个体个性需求、自主支配资源与权力、与组织建立平等关系的重视。进一步说明在互联时代员工跟企业的组织文化由基于雇佣而产生的依附文化正在转变，成为基于合作而产生的平等关系。这种员工文化充分尊重员工的自主决策和自主工作的能动性，建立员工的身心自由和目标责任对称、结果导向与价值分享平等协商的考核分配模式，以及企业搭台个体唱戏的合作模式。在这种文化转向中，组织退后，团队上位，个体上前。当前越来越多的公司选择创客或者合伙人方式来建立企业与员工的关系和管理文化，这是凸显自治、自由、平等和创新互联精神及个体价值的重要方式。

任何企业经营者和创业者都要正视，这是一个需要我们对个人和组织关系重新认识和理解的时代。随着个人价值的飞速提升，个人的组织知识结构、素质能力、职业信息等都在变得愈发强大，个体个性被充分激活，超级个体应运而生，这样的个体不再单纯依赖组织，组织也不再简单地要求个体。这种从层级到合作的全新关系界定，不论对个人或组织都有着不同的挑战和对应的压力，同时也成为企业经营者必须面对的管理课题。组织的消失，正在让企业创新力重新迸发，我们看到，在组织的末梢，生出越来越多的创新力量，无论是创客团队还是事业合伙人，他们最接近真实的用户和使用场景，由他们主导的创意和创新，让企业更具生命力。

> 本章复习思考题

1. 互联时代企业文化的发展理念表现为哪些方面？
2. 互联时代企业发展的战略调整要注意哪些问题？
3. 互联网对企业文化产生了什么样的影响？

案例分析

插上互联网的翅膀，投身智慧城市建设

江苏中盈高科智能信息股份有限公司是一家专业的 IT 解决方案供应商和 IT 数据运营服务商，是以智慧城市规划、建设与运营、智能建筑设计与实施，系统集成和技术服务为主导，集咨询、研发、实施、运维等服务为一体的高新技术企业。公司于 2015 年 9 月完成股改，2016年 5 月 10 日正式挂牌新三板，成为常州地区智能化行业第一股（简称中盈高科，股票代码 837274）。

一、抓住风口机遇，调整企业战略

中盈高科专心技术进步、专注行业发展，抓住"互联网＋""物联网＋"的战略发展机遇，不断创新技术、产品、管理和机制。公司业务涉及七大领域 20 多个板块和近百个系统，公司自主研发了智慧城市的20 多个应用模块，在"智慧园区""智慧建筑""智慧教育""智慧养老""智慧河道""智慧政务""智慧工地""网站集群""智慧停车""智慧能耗""智慧健康""智慧医疗"等方面均有落地案例并已获得

20 多个专利、高品、软品和软件著作权登记。

1994 年，作为当时武进市机关的三产成立的计算机维修中心，即中盈高科的雏形应运而生。2000 年 3 月，在武进大厦集团成立的中盈信息网络有限公司，同年进驻常州电脑城，开启了 IT 产品的市场零售业务。调研团队在与该公司马总的沟通中了解到，2004 年才是常州中盈信息网络有限公司正式登记年份。2006 年，公司获得信息工程专业三级承包资质，从此迈入进驻智能化行业。

长期以来，中盈人专注坚持走 IT 应用发展之路，在持续创新创造中提升企业的软环境和硬实力，迄今，公司已取得建筑智能化系统设计专项甲级、电子与智能化工程专业承包一级、国家安防工程一级、消防工程二级、计算机信息系统集成及服务资质、涉密信息系统集成乙级等资质；通过 ISO 90001、ISO 27001、ISO 20000、ISO 18001、ISO 14001 及 TSS 信息技术运维服务三级等资质等多项管理体系认证，具有企业信用合同 AAA 登记证书。在承建项目中多次荣获"扬子杯""龙城杯""常州市文明工地"，并屡获"江苏省安全先进单位""江苏省科技创新成果奖""江苏省高技能人才摇篮奖""合格职工之家""江苏省环境污染乙级评价"等荣誉。

二、聚焦绿色出行，尚盈车联项目叫响龙城

围绕互联网应用，服务国家新能源出行，降碳减排的大政方针，"尚盈车联——城市智慧出行大数据平台"在常州业内已经具有一定知名度和影响力。作为一家有着 20 年奋斗与创新历史的企业，它拥有强大的技术底蕴，能为平台提供创新科技与专利支持。从项目立案，到建设，再到运营，中盈高科始终专注于智慧化出行技术和汽车后市场 O2O 服务模式创新，通过"大数据＋物联网"技术打造多边共享的汽车生态圈。尚盈车联平台目前包含五大服务内容：好享泊、好享驾、好享服、好享充、好享靓平台。其中，好享泊、好享驾及好享服平台正式投放运行，效果显著。

好享泊平台专注于智慧化停车服务。利用智能道闸、智能地锁、智能地磁、智能高位视频仪等智能设备，实时上传数据，后台经过大数据运算，实现智慧化停车服务。用户下载"尚盈车联"APP，注册成功后，打开"好享泊"界面，搜索停车目的地，预约车位，即可成功锁定 15 分钟。APP 还加载了导航功能，让车主轻松泊车，停车结束，即可一键缴费离场，轻松便捷。

好享驾平台专注于共享汽车服务。目前该平台在常州武进城区人民路小学周边、传媒大厦等多个网点，以及安徽宿州的主城区、政务新区、高新区等处，均已投放共享汽车。用户只要下载 APP，注册并审核通过后，即可在 APP 上查询网点车辆，实现一键用车。目前平台只支持网点还车，用户还车时提前在 APP 上查找还车网点，操作便捷。

与此同时，好享充、好享靓等平台建设亦在稳步进行，未来将会为更多用户带去便捷服务。近年来，中盈高科积极投身于智慧化城市建设中，运用自身的优势结合新一代信息技术，深度融合，形成自我创新的城市智慧级项目。中盈高科希望通过各种不同类型的展示活动，积极向社会展示一个能创新、有突破、智慧化、信息化的企业形象，吸引多方关注，实现企业的社会价值。

三、进入水务智慧管理领域，在第五届"i 创杯"互联网大赛中脱颖而出

2019 年 7 月 30—31 日，第五届"i 创杯"互联网创新创业大赛在苏州举行，中盈高科环境天眼——智慧水务项目从 1 181 个创业项目中脱颖而出，成功晋级第五届"i 创杯"复赛。

智慧水务信息一体化管理平台采用信息化手段，结合 GIS 展示，全面掌握河流（湖泊）、企业排污口、城镇农村生活污水、泵站、污水处理厂等设施排水系统的运行情况及水质指标监测，全面评估城市排水管网能力，从而提高应急指挥处置能力。它以城市排水设施数据为基础，结合管网监控数据，构建出自动化、智能化、信息化、智慧化四化融合的智慧水务平台。

城镇农村污水处理远程监控管理平台 2018 年上线，平台以智能化的数据采集、数据处理数据统计、数据分析等多个层面，逐步形成涉生产管理、设备管理、运维管理、数据分析、移动 APP 应用等多个管理方向的子系统，成功应用于常州武进农村分散式污水处理工程（一期）PPP 项目，对 215 个自然村的污水收集处理工程进行远程监控、运维、管理，中国污水处理工程网为此做专题报道。二期项目涉及 444 个自然村，目前正在进行中。

企业排污监管远程监控管理平台主要针对企事业单位，通过改造落后设施及安装水位、流量、水质监测点等方式，对排水管渠、泵闸站、检查井、污水厂、重点排水纳管用户等进行管理，提高排水管理工作的效率，为环境监管执法提供依据。

河道及排灌区水质监测管理平台是对区域内的河道（湖泊）、农田排灌区的水质状况进行有效监测监控，见图3。

　　具体包含信息采集管理、设备运行状态管理、运行维护管理、数据统计分析管理等功能，同时监测站的设备仪器运行状况，提高管理及运维服务质量，并与行业主管部门联网，达到实时监控的目标。

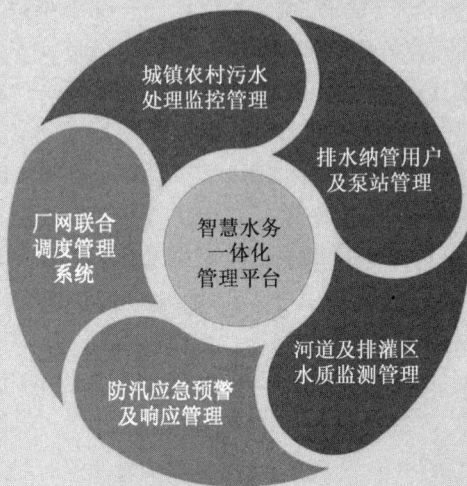

图3　江苏中盈智慧水务一体化管理平台

四、打造智慧社区，为智慧城市添砖加瓦

　　住建部"十三五"规划指出，要通过分类总结智慧社区建设模式，争取到2020年，使50%以上的社区实现智慧社区的标准化建设，同时建立可持续发展的社区治理体系和智能化服务模式，建立完善的社区服务体系。

　　智慧社区是社区管理的一种新理念，是新形势下社会管理创新的一种新模式。江苏中盈高科智能信息股份有限公司以政府政策为导向，以居民需求为切入点，自主开发建设了"好享家园"智慧社区平台，建设未来社区，为智慧城市添砖加瓦。

　　"好享家园"智慧社区充分利用物联网、云计算、移动互联网等新一代信息技术，融合了数字化、信息化、智能化等技术手段，以社区居民的刚需为切入口，打造智慧社区一体化综合服务平台，包含社区事务、智慧物业、智慧养老、智慧政务、智慧党建、智慧医疗、智慧家庭、智慧协商、智慧公益等多个服务场景，为社区居民提供一个安全、舒适、便利的现代化、智慧化生活环境，从而形成了基于信息化、智能化社会管理与服务的新的社区管理形态。

5G时代来临，"好享家园"智慧社区平台通过"互联网＋平台服务"的运营模式，借助大数据应用，打破信息孤岛现象，通过推进社区标准化建设进程和机制创新，联动各方资源，整合现有社区场景，进一步提升社区信息化、智能化管理和服务水平，为居民提供更加舒适、安全、便民的生存环境。

五、智慧云基地建设，中盈高科的未来规划

中盈高科深耕智慧城市建设，成立"盈立方"智慧云基地。盈立方项目位于牛溪路与漕溪路交汇处，总用地面积13 421.8平方米，总建筑面积33 537平方米。园区建设主要包括：中盈高科研究院楼、中盈高科总部智慧建筑、智慧城市体验中心、中盈高科办公楼、园区智慧云基地及双创基地。建成后将成为"互联网＋产业"示范基地、"平台＋个人"双创示范基地、"绿色智慧建筑"体验示范基地，以及"互联网＋""物联网＋"人才集聚中心、智慧城市新技术应用研发集聚中心和智慧云概念数据服务新产业资本集聚中心。

案例思考题

1. 互联网给传统的中盈高科带来了怎样的机遇？
2. 围绕智慧城市建设，中盈高科是否还能涉足更多领域？
3. 中盈高科的转型发展给你哪些启发？

第九章 中国特色的企业文化建设

中国传统文化的精髓与糟粕

当今中国的企业文化是在传统民族文化氛围中生长起来的，企业的管理模式受传统文化的影响颇深。中国传统文化是一种从"农业—宗法"的社会土壤中生长出来的伦理型文化。正如世界上其他民族的文化一样，中国传统文化有其不容置疑的优点，同时也有明显的缺陷和不足。

一、中国传统文化的精髓

中国历史悠久，具有丰富多彩的民族文化。这些文化总体上讲是围绕以自然经济为基础、以家族为本位、以血缘关系为纽带的宗法等级、伦理纲常这些基本精神而展开的，其中充满了矛盾，也具有鲜明的两重性。在博大精深的中华民族文化传统中，其精华比比皆是。

1. 团体意识

在中国的传统文化中，家族团体主义是建立在等级制度的基础之上的，在一个家族团体内，以家族利益为最高目标，追求家族利益的最大化，强调团体（整体）重于个人，个人无条件服从整体，强调家族内部以伦理关系为基础的和谐与稳定。这种文化固然有压抑个性、不利于创新和竞争的消极作用，但它作为一种持续了几千年的群体精神，对今天的现代化建设仍具有积极意义。企业作为一个相对封闭的系统，可以视同一个"小家族"。增强企业员工的"家族"观念，有利于企业形成团体凝聚力和竞争力，有利于重构人们以团体利益为中心的团体精神。

2. 人本思想

人本思想在中国文化中大体包括三层意思。首先，把人看成天地万物的中心，深信价值之源内在于人心。孔子曰，"人能弘道，非道弘人"，这与西方传统文化中以上帝和神为最高标准的神本文化截然有别。其次，强调"爱人"思想。孔子把"仁"作为其学说"一以贯之"的唯一原则和最高道德标准，而"仁"的内涵就是"爱人"，强调从无私的动机出发，舍己利人、舍己爱人。再次，认为人只要努力，皆可成才。孟子云："人皆可以为尧舜。"人本思想是现代企业以人为管理中心的文化基础。

3. 和谐思想

中国文化中的和谐思想源于中庸之道和天人合一观。中庸之道对于人们追求创新、竞争是不利的；天人合一观对于人们改造自然、向自然索取是不利的。但其中体现出来的和谐思想具有积极意义。如中庸之道，主张人与人要和谐，讲"仁""爱""诚""中和"待人，处理人与人之间的关系要不偏不倚，不说过头话，不做过头事，把握事情要有"度"；天人合一思想，则提倡人与自然要和谐，做事要顺应自然规律，使人与自然一体。和谐思想一直影响着中国人的为人处事。

4. 求实精神

中国文化表现出很强的求实精神。这在中国的儒家、道家及法家文化中都有体现，如儒家的"经世致用"、道家的"无为"、法家的"奖励耕战"等。求实精神主要表现在：一是积极入世的人生态度，重视人生理想，也重视现实；二是朴实无华的民族性格，经商、治学都讲究脚踏实地和扎扎实实。当然，这种求实精神的形成也受封建统治者推行愚民政策因素的影响。在封建统治下，广大农民在政治上被排斥，个人尊严受到压迫，只能把注意力集中到如何生存的"实际"中。因此，传统文化的求实精神内涵不可能与现代企业所要求的求实精神完全吻合，但其作为一种长期养成的文化传统，对企业文化的形成和发展有积极影响。

5. 爱国主义精神

中国古代封建社会存在着黑暗、剥削、专制的一面，中华民族也因此不断产生变革的思想和理想，不断涌现出"为民请命""先天下之忧而忧，后天下之乐而乐"，力求"富天下、强天下、安天下"的民族英雄和仁人志士。数千年的历史演变形成一种追求自由、反对剥削、为国图强的爱国主义传统，尤其是在中华民族遇到危难时，这种爱国主义精神又衍生出巨大的凝聚力、向心力和民族责任感。尽管历史上的爱国主义客观上存在着一定的阶级局限性和时代局限性，但这种光荣传统不失为中华民族历史遗产中的瑰宝，不失为中华民族的灵魂，它激励着中国人为保卫祖国、变革图强、追求社会进步而献身，成为现代企业的精神支柱。

6. 吃苦耐劳、勤奋自强的性格

中华民族以"农"立国，数千年来一直在这片土地上繁衍生息、辛勤劳作，不仅形成了劳动人民淳朴务实的精神，也锤炼出劳动人民勤劳勇敢、吃苦耐劳、忍辱负重、自强不息的民族性格。在历史上，中国的农业、手工业曾领先于世界其他各国，科学技术的成就也十分显著，指南针、造纸术、火药、印刷术等四大发明对世界文化的发展做出过卓越贡献。还有中国数千海外侨胞，他们远离故土，白手起家，艰苦奋斗，在世界和中华民族史上写下了光辉的篇章。这些都是中国人民吃苦耐劳、勤奋自强性格的真实写照。与吃苦耐劳、勤奋自强的民族性格相联系，中国劳动人民视节俭为美德，节约观念极强。

二、中国传统文化的糟粕

1. 重道德而轻事功，尚"义理"而鄙"义器"

先秦墨家主张"尚力"，法家推行"耕战"，但自汉武帝重用董仲舒开始，孔孟的"德治"和"仁政"学说成为主流。在德智关系上，儒家认为，人格远远比知识重要。同时，儒家提出"形而上者谓之道，形而下者谓之器"之说，人们认为"为道之学"可以传诸天下，而"形名度数之学"则不可登大雅之堂。长期以来，封建社会倡导"劳心者治人，劳力者治于人"，看不起具有实践知识的"工匠"。这使得中国的科学研究长期得不到鼓励，只是掌握在一些不受尊重的"匠人"之手，以感性为主，缺乏理论和逻辑，往往不能形成科学公理。

2. 法经典而薄今世，尊"往圣"而抑个性

孔子"述而不作，信而好古"。在文化学乃至科学方面，人们不是致力于总结经验，推陈出新，而是对圣贤经传注、疏、训、考不绝。这虽然也能在前人的基础上补缀若干新的知识，但总的看来，绝难超越前人规定的范围，使学术得不到突破性进展。因此，中国传统文化中虽然有不断再生、嬗变的一面，但万变不离其宗，这就是圣人之道和祖宗之法。这种陈陈相因的思维定式，必然妨碍"自由争鸣"风尚的普及，也必然会泯灭人们的个性和创造精神。

3. 崇"和谐"而避冲突，重整体而轻个体

中国传统文化强调整体，崇尚和谐统一，把和谐视为最高级原则，并尽量避免一切冲突和对立。这表现在处理人与社会、人与人之间的关系等许多方面。例如，孔子提出了中庸概念，宣扬仁义、孝悌、忠信，

注重修养德行与人际协调；以和谐为最高价值原则，强调多样性的统一。同时儒家以仁义道德为价值信念，以成仁取义为价值理想的思想传统，使中国传统文化形成了重家族、重整体的价值观。但是，个体价值、个人存在的意义则被无情地忽视了。

中国企业文化的改革与创新

一、中国企业文化改革与创新的必要性

随着以信息技术为主导的新技术革命的突飞猛进，人类社会正经历着又一次深刻的社会变革，企业也随之步入了改革时代。

1. 改革中国企业文化是社会改革的客观要求

企业文化改革主要包括两方面内容，一是确立企业的社会主义文化的管理理论，二是确立有中国特色的企业文化。先进的技术可以引进，精良的装备可以采购，而企业文化是一种土生土长的东西，表现在企业全体员工的每一个行为中，有着经久的规范力。

（1）改革带来社会环境的巨大变迁

国家的一些关于经济发展政策的转变、法律的调整，都可能给企业带来有力的，甚至是强制性的文化变革。如我国经济发展的两个转变路径的战略、国有企业的"三改一加强"的方案、私民营企业的地位合法化的政策、公司法、消费者保护法等一系列的以市场为导向的政策和法律的出台，成为企业文化变革的推动力之一。

迅速增长的经济活力可能给企业带来不断扩充的市场，国家税率、利率和汇率等方面的改变也可能通过市场对企业文化变革施加影响。经济全球化和一体化的趋势正在加强，企业生存环境的不稳定性随之增加。如中国加入世界贸易组织之后，给当前的企业文化带来巨大的冲击，为了提高企业竞争力，企业文化变革势在必行。

科学技术的进步，深刻影响企业生产设备和技术的改进以及企业的发展，使企业的生产率明显提高，从而影响人们的工作态度和工作方式。但

随着生产自动化和办公自动化技术的发展，特别是当前以网络技术为代表的高新技术的迅猛发展，使企业的经营理念和管理思想都发生了深刻的变化。由于信息技术的迅速发展和普及运用，企业管理的信息化程度迅速提高，将会给传统的企业组织模式和企业的人际关系带来深刻的变革。

未来的劳动力市场正在呈现多元化的趋势。企业员工在年龄、性别、教育程度、技能水平等方面的差异将越来越大，给企业文化的管理带来了新的挑战。如传统的"熔炉"（假设不同的人会在某种程度上自动地同化）方法来处理企业的文化差异已经不合时宜，企业不得不改变他们的管理哲学，从同样对待每个人转向承认差别和适应差别。如针对合资企业和跨国公司管理中的文化差异，跨文化管理的热潮正在兴起。

行业文化是在一个行业内形成的行业精神、行业规矩、行业术语、行业典范和行业内各企业和员工共同遵守的行业道德规范，是行业内各企业在经营管理、生存发展过程中形成的思想结果。行业文化既有国家、民族文化内涵所赋予的共性，又有地域、行业的个性。由于各个行业在生产特征、管理模式和服务要求上存在很大的差异，所以文化形态也必然存在很大的差异。因此，行业发展的整体态势，尤其是行业中竞争对手的力量对比变化，都会要求企业文化的变革，即使是百年老店的企业文化，也是随着行业环境的改变而不断变化的。此外，竞争对手、供应商、代理商的某些方面的变化也可能引发企业文化的变革。

（2）变革激发了文化的交往、冲突和震荡

变革必然产生现代文化与传统文化、外来文化与本土文化之间的冲突，这正是推动我国文化更新的根本动力。

首先是现代企业文化与传统企业文化的冲突。随着市场经济的确立和运行，传统企业文化的弊端暴露得更加明显，那种"重道德，轻利益；重社会，轻个人；重传统，轻创新；重秩序，轻民主；重人治，轻法治；重关系，轻契约；重意志，轻实效"的传统观念和行为，越来越不适应形势发展的需要。但这些旧的观念和行为方式并不会随着企业走向市场而自然消失，在各种场合和机会又会以不同的方式表现出来，这时期作为企业的主体——职工自身的观念与行为表现出双重或多重性，传统的保守心理与现代改革观念并存。新旧文化的冲突就此产生了，并且越来越尖锐。面对复杂变迁的时势，企业面临最大的挑战可以说是如何挣脱传统文化的束缚，诞生新型企业文化。

其次是外来文化与本土文化的冲突。西方发达国家的企业经历了先进工业文明的洗礼，又长期受到商品经济和科学管理的严格训练，因此，西方企业不仅在科学技术上长期处于领先地位，而且企业文化方面也居于世界前列。然而，中国是一个典型的农业社会，生产的社会化、商品化和现代化程度还不够。在这样的文化背景中成长起来的中国企业文化，难免带有明显的农业文明的痕迹。在改革开放之中，外来企业文化的引入与我国传统企业文化的碰撞和冲突自然难以避免。这种碰撞和冲突是一个相互吸收、融合的过程，以现实的中国为主体，吸收中国的传统和外来的优秀文化，不断变革企业文化。

2. 文化创新是创新型企业的灵魂

（1）企业文化创新有助于企业制度创新

企业制度是规范企业员工在企业经营管理过程中行为的一套准则，企业制度创新就是对现代企业的管理制度、产权制度、激励机制等进行创新，提高创新主体的创新积极性，提高企业创新资源利用度和创新能力的发挥度，其核心是建立健全现代企业制度，建立以法人治理为基础的管理机制。由于企业文化从深层次决定了企业制度的运作行为，所以，只有实施企业文化创新才能真正实现制度创新。在由计划经济向市场经济变革的过程中，我国企业的产权制度、治理结构和管理制度等创新至今缺乏根本性的突破，从根本上来看是因为企业文化方面很难接受西方成熟的产权创新理念。

（2）企业文化创新有助于形成企业员工的创新理念

企业创新发展是一种员工创新理念的成功实现。创新的关键在于人，在于每位员工的参与，在于创业中员工的创新理念。如果一种创新理念被企业员工共同认可并接受之后，那么它就会像"黏合剂"一样，把全体员工聚合在创新理念之下，调动企业内部有益于创新的各种力量，从而在创新过程中产生巨大的向心力和凝聚力。企业文化实际上是企业全体员工共同创造的群体意识，它所包含的创新理念、价值观、企业精神、道德规范等内容，均寄托了企业全体员工的理想、希望和要求以及他们的命运和前途。

（3）企业文化创新有助于企业战略创新

如果企业文化无法适应新的经营战略，那么曾是公司力量源泉的文化便成了实施新战略的桎梏。企业战略创新的核心问题是如何发挥企业自身的比较优势。当企业战略变革不可避免时，及时创建一种支持战略变革的组织文化，是变革能否最终成功的根本原因。由于当今社会已从传统的工业社会向知识社会迈进，知识和能力已成为企业参与市场竞争的核心因素，战略创新的任务就是利用和发挥企业自身拥有的知识和能力这一比较优势来提升企业的核心竞争力。只有造就了善于学习、用于创新的良好文化环境，才能使人的知识和能力不断地提高，从而使企业充分发挥自身的比较优势并形成竞争优势，最终形成企业核心竞争力。

二、中国企业文化改革与创新的思路

为了适应改革时代的要求，企业持续全面创新的前提是文化创新。文化创新可以从以下几个方面出发：

1. 融合中外企业文化创新精髓

企业文化管理思想的产生和传播经历了"由东方到西方，再由西方到全世界"的过程。从某种意义上来说，企业文化的哲学渊源始于中国。

融合中外企业文化精髓的关键在于：中国传统的企业文化在面对西方现代企业文化挑战时的创新反应。企业应本着"古为今用、洋为中用"的原则，塑造有中国特色的企业文化，中国企业文化创新必须以现实的中国为主体，借鉴和吸取中国传统和西方优秀文化理论成果，才能最终产生新型的中国特色的企业文化。

2. 以观念创新为先导

观念创新是实现企业文化创新的先导，不首先打破传统思维模式的束缚，就难以产生新的有意义的文化创新。因此，实现企业文化创新，要把转变思想观念当作首要任务，尽快熟悉企业知识结构的新变化，积极树立适应新变化的新观念，并把这些贯穿于企业文化建设的全过程。

3. 树立新的企业管理理念

新形势下企业究竟选择什么样的管理模式和运作方式，必然与企业管理的理念密切相关，因此企业管理理念的创新必须适应变革时代的需要。

比如，企业可以通过文化创新将人力资源的发展整合到企业的发展之中，从而创造出充满活力的企业组织。通过树立"以人为本"的人力资源管理理念，尊重员工、信赖员工，积极创造条件让员工参与企业管理与决策，促进全体员工与企业共同发展、不断壮大，从而实现发挥自己最大潜力的希望。

4. 从能力入手改革企业文化

将能力引入企业文化的框架中，用能力来改革企业文化，建设基于能力的企业文化。能力是决定个人绩效的品质和特征，决定着员工和组织的成功，而企业文化则决定着能力在整个公司的表现程度。

建立以能力为基础的企业文化，不仅能激励员工产生提高自己能力的动力，帮助员工摆脱旧习惯，克服惰性；还能帮助领导者发现员工的强项和弱点，在平时的工作中指导员工达成目标，并在适当的时候予以及时地反馈。此外，在基于能力的企业文化中，能力是思考问题、解决问题的思维框架，运用能力评估可以解决招聘过程中的不公平现象，使企业能获得适合企业、适合职位的优秀员工。

但是，利用能力改变企业文化，需要一个持久的过程。要创造理想中的企业文化愿景，并从能力入手分析当前的企业文化；认清企业文化中关键性的强项和弱项后判断组织弱点可能产生的后果，发现需要改进的首要弱点；认清哪些是支持变革的文化因素，哪些是阻碍因素；找到可实现理想文化的途径——具体措施和行动步骤等；制订行动计划，实施计划并监控进展情况；根据形势和情况的变化做出调整。

5. 实行跨文化管理

全球经济一体化的进程，改变了国与国之间、企业与企业之间的实质。从政治版图上看，国与国之间的疆界还同以往一样，而从经济领域的角度看，在某种程度上，国界将失去原有的意义。中国加入世界贸易组织之后，企业与企业之间、企业内部的跨文化现象更加突出。企业的管理者必须直接面对多个国家不同的行为方式。要在竞争中生存和发展，管理者仅了解本国文化是远远不够的，还要更多地了解各国文化的相同点与不同之处，使企业文化在碰撞中整合，在融会中创新。

如何认识中国特色企业文化

一、 中国特色企业文化的内涵

企业文化是西方管理理论在经历了"经济人""社会人""自我实现人""复杂人"假设之后，对组织的管理理念、管理过程与组织长期业绩关系的又一次重要审视，是企业管理理论与实践发展到一定程度的产物，也是企业管理的新的模式。

而所谓有中国特色的企业文化，是指符合中国国情的、具有鲜明民族特点的、现代化的社会企业文化，也可以称为社会主义现代化的中国企业文化。这种中国特色的企业文化不是对传统文化的抛弃，而是对它的扬弃；既是对过时的旧传统的否定，又是对优良传统的发扬光大。中国特色的企业文化是以社会主义价值观为核心、以民族传统文化为基础、以现代化企业为目标的一种新型企业文化。这种新型企业文化不会自觉地产生，它是随着社会环境的巨大变迁，在文化交往和冲突中逐渐形成的。

由于企业文化与时代特征有着很大相关性，因此，随着时代变革，企业文化的内涵和外延也在不断变化着。在 20 世纪 90 年代初，企业文化更多地定位在企业的外在形象和精神风貌上，而 90 年代末以来，企业文化已经不仅代表企业的精神风貌，更蕴含着企业的指导思想和经营哲学。因此，除了企业形象之外，它还代表了企业的价值标准、经营理念、管理制度、思想教育、行为准则、职业道德、文化传统等。所以，从本质上看，我国现阶段的企业文化就是坚持社会主义核心价值观，对全体员工进行企业意识教育的微观文化体系。

到了 21 世纪初，尽管中国企业已经走出了对企业文化的"政治思想工作"理解的误区，但是 21 世纪中国企业文化是什么？对于这个问题，思考的角度不同，对其理解也就不同。《中国企业批判》作者陈惠湘认为，企业文化应该包括三个方面：一是设定企业的发展目标，要让企业的发展目标给企业的员工带来自豪感。微软由于其在世界企业中占有独特的领先地位，加上它生产的任何一种产品只要一面世就会造成全球轰动，这就使得微软公司里的所有员工都可以自豪地讲，我们大家的劳动是改造人类的劳动。二是建立企业的理念文化，向员工说明企业将如何做事情。在企业的价值体系中，回答了什么事情可以做，什么事情不能做；员工必须具备什么素质，必须具备什么样的能力等；作为企业家要具备什么样的商业素质、职业素质、企业素质，从而建立一支团结的、高素质的、敬业的和富于创新的、不断学习的人才队伍。三是建立企业的行为文化。[①]

二、中国企业文化的历史发展

我国的传统企业文化，主要是指我国企业在传统的自然经济或产品经济、计划经济条件下形成的企业文化。这种传统企业文化的发展，大致经历了这样几个阶段：简单商品经济条件下企业文化的萌芽；近代民族资本企业的企业文化；新中国成立以来的企业文化。

1. 简单商品经济条件下企业文化的萌芽

我国传统企业文化发端于简单商品生产条件下的手工作坊时期。手工作坊是企业的最初组织形式，这是一种农家式的企业，生产的组织、管理往往是以家庭为中心。那时所谓的"企业"，实际上是一种"家业"，其生产特点是以手工技能、技艺为核心，生产手工制造的生活消费品。这一时期，管理、经营活动因其生产过程的简单和经营范围的狭小而处于从属地位。因此，作坊文化主要表现在生产者对自己劳动产品的认同上：人们将自己的姓名（往往是作坊师傅的姓名）刻在自己的劳动产品上或以自己的姓名、家乡来称谓自己的劳动产品，如"张小泉剪刀""景德镇瓷器"等。

这是一种与小商品经济相适应的企业文化，它反映出劳动者朴素的以质量、信誉来求得企业生存的价值取向，同时，也是中华民族"重伦理、重道德"的传统文化在小商品生产中的反映。我国的一些传统产品相传数十代，历经几百年，发展成为今天的知名特产，是与这种文化分不开的。

---

① 陈惠湘：《中国企业批判》，经济日报出版社，2008 年。

2. 近代民族资本主义企业的企业文化

传统企业文化的真正形成、发展，从某种意义上来说，是在民族工业产生以后的事情，因为只是到了这时，我国才有了严格意义上的企业，管理活动才成为企业生产经营的主要活动，成为影响企业生存发展的决定因素。

19世纪70年代，随着洋务运动的发展，中国近代民族工业开始出现。我国民族资本企业的最主要特点是：先天不足，后天发育不良，只能在夹缝中求生存。所谓"先天不足"，就是我国近代社会母体中孕育出来的民族资本主义是营养不良的"胎儿"，它是在外来刺激的作用下的"早产儿"，表现在原料不足、市场有限、技术落后、设备简陋、文化落后导致管理落后等方面。所谓"后天发育不良，在夹缝中求生存"，是指民族资本企业诞生后，就一直受到帝国主义和封建官僚的双重挤压。

我国近代民族资本企业的企业文化，是与民族资本企业的上述特点联系在一起的。因此，这一时期的企业文化表现为强烈的自强自立、爱国的民族精神。概括起来有以下几点：

（1）服务社会的精神

中国近代民族资产阶级在创办企业之初，大都具有"富国""强国""实业救国"等思想。这些思想，在以后创办起来的企业中得到了充分的体现和发展，代表了近代民族资本企业的主流。

例如，著名爱国实业家范旭东在天津创办久大精盐公司、永利制碱公司、黄海化学工业研究所，合称"久永黄工业团体"。创办过程中，他把艰苦创业、发展中国化工事业的经验教训概括为四大信条，作为全体成员共同遵守的行为准则。第一信条：我们在原则上绝对相信科学；第二信条：我们在事业上积极发展实业；第三信条：我们在行动上宁愿牺牲个人，也要顾全团体；第四信条：我们在精神上以能服务社会为最大光荣。范旭东、侯德榜等老一辈化学专家在这些信条的激励下，创造发明了"侯氏制碱法"，是当时世界上最先进的制碱工艺，从而使"久永黄工业团体"成为饮誉世界的化学工业集团。

再如，近代著名企业家卢作孚先生为其公司设立的"服务社会、便利人群、发展产业、富强国家"的"民主精神"，提出了"梦寐不忘国家大难，作息均以人群为乐"的口号，并将这些口号印在船上的床单和茶杯上，使这样的文化理念深入员工内心。

（2）自强、自立、爱国的民族精神

中国民族工业的产生、发展，反映了中国人民发展民族经济与维护民族利益的要求，是中国人民真正走向独立、自强的一个重要推动因素。对于帝国主义的政治压迫和经济剥削，民族资本家以强烈的爱国思想和民族意识进行了反抗，如张謇在创办大生丝厂的同时，对日本的《二十一条》与巴黎和会签署的条约作了坚决的抵抗。又如1928年，为抵制瑞典火柴托拉斯的倾销，在著名民族实业家刘鸿生的倡议下，国产火柴同业合并，实行产销联营，同外国垄断资本展开了激烈的抗争，挽救了民族火柴工业的危机。

（3）"人和"精神

中国有句古话："天时不如地利，地利不如人和。"人是中心，万物之灵的思想对民族资本主义企业的创立和发展产生了深远的影响。大凡有成效的民族资本家，其创办的企业内部无不重视培养"人和"精神和造就同心同德的企业氛围。这种"人和"气氛最早是以宗族式或家庭式出现的，如重要的职位，首先是安排自己家庭和家属中的人，其次是同乡。用血缘关系和地缘关系保持人际关系的稳定与和谐，通过这种办法造就"和亲"气氛。同时，企业内部注意招揽人才，培养干部和技术人员。如以荣德生兄弟为首创办的旧中国规模最大的民族资本工业，由于受到帝国主义经济的严重排斥和压制，曾几经曲折、多次搁浅，但荣家企业的"人和"精神，却使它比其他企业在各方面都胜出一筹。荣家企业内部实行职工及有关人员存款形式，使广大职工与企业"同呼吸""共命运"，从而取得显著效果，职工储蓄金最高年份达754万元。另外，荣家企业还通过职工入股、内部储蓄等办法筹资，这在现在的企业经营实践中也不无意义。

3. 新中国成立以来的企业文化

新中国成立以来的企业文化随社会背景的变化而在不同时期呈现不同的特点。具体可以划分为三个阶段：

（1）新中国成立初十七年（1949—1965年）的企业文化

新中国成立后，广大人民群众摆脱受剥削、受压迫、受奴役的地位，成为社会主义建设的主人，劳动积极性、创造性空前高涨。1953年后，在全国范围内广泛学习和引进苏联的先进管理方法，在国家体制方面，实行高度集中的行政管理方法；在企业内部推行计划管理、生产管理、技术管理、劳动管理等一整套先进管理方法，由于当时旧社会留下来的一穷二白的局面，物资十分匮乏，市场供不应求，工业战线的职工有一腔"为生产而生产""多生产就是为社会主义多做贡献"的热情，一心只考虑生产，而不讲究效益；不去考虑产品能否卖出去，只考虑自己生产什么；不太讲客观条件，以为凭借主观上的满腔热情和革命干劲，很快就会过渡到共产主义；不进行商品生产和商品交换。20 世纪 60 年代，大庆的"三老四严"精神就是一种坚强的、百折不挠的"铁人文化"，是此阶段企业文化的典型代表。这一阶段逐渐形成了以"生产为中心""讲究科学管理方法"为主要内容的企业文化。

（2）"文革"时期（1966—1976 年）的企业文化

多数企业生产停顿，颠倒运作，早就丧失了向心力和凝聚力，职工思想混乱、情绪低落、文化技术素质停滞不前，部分仍在开工的企业也毫无效益可言，整个国民经济已经濒临崩溃，全社会遭受空前的劫难。这一时期逐渐形成了极"左"的以"政治挂帅""抓革命促生产"为主要内容的企业文化。

（3）十一届三中全会（1978 年至今）以来的企业文化

十一届三中全会后，在中国大地上兴起的改革新风拓展了企业文化的发展前景，为传统企业文化向现代企业文化的转变创造了良好的契机。企业相对独立的商品生产者和经营者地位的逐渐确立，市场竞争机制的引入，社会生产资料所有制结构的变化，企业家阶层的逐步兴起，使许多人越来越清楚地认识到影响企业发展的不仅是物的因素，而且是人、文化的因素在制约着企业的发展。改革那些陈腐的、过时的、束缚生产力发展的旧传统、旧观念，不能采取硬性的、行政命令的手段，只能靠自觉主动塑造适合本企业特点的企业文化。在商品经济浪潮的推动下，在市场激烈的角逐中，逐步突破雷同化的模式，显现出具有鲜明个性的多样化的风格（色彩），这是这一时期企业文化的一个突出特点，反映了我国企业文化发展的一个质的飞跃。20 世纪 80 年代，深圳人提出的"时间就是金钱、效率就是生命"这一充满改革精神的"效益文化"，是这一阶段企业文化的典范。"质量、品种、效益年"活动的开展更加深入了这一思想。这一时期逐步形成了"一切以效益为中心"的企业文化，"既出人才、又出产品，既要经济效益、又要社会效益"的企业文化。

如何建设中国特色企业文化

任何企业文化都是在特定的历史条件下形成的，并受其所处的自然环境、传统文化、社会文化、外来文化及经济基础和政治制度的影响和制约，具有鲜明的时代性、个性、社会性和群体性。我国企业文化的形成也不例外，企业文化作为一种管理实践是不能超越国家、民族界限的。考察日本、美国的企业文化形成背景，不难发现它们之间有社会政治制度的差异、民族文化历史的差异、社会经济发展水平的差异等，我们不能照搬国外的企业文化，要建立具有本国特色的企业文化。

在我国当前特定的社会主义市场经济条件下，如何使我国企业有一个良性的、稳步的发展，建设相适应的企业文化是极其重要的。企业文化建设主要包括企业文化战略制定、企业文化战略实施、企业文化战略控制三个方面。

一、企业文化战略制定

企业文化战略制定是企业文化战略的重要环节和关键步骤，也是战略决策的主要内容，一般而言，企业文化战略制定包括以下几个相互衔接的环节。

1. 树立正确的企业文化战略思想

由于企业文化体现了企业的共同价值准则和精神观念，对企业职工有着强烈的内聚力、向心力和持久力，具有无形的导向、凝聚和约束功能，因此，正确、健康、向上的企业文化战略思想对于创建优秀的企业文化具有重要的指导作用。尤其是对于当前我国的企业来说，弘扬时代精神、振奋民族意识、体现职工主人翁思想、坚持集体主义价值标准将是中国企业文化战略思想的主旋律。

2. 确定企业文化战略模式

由于各种企业所面临的环境不同，企业发展的阶段各有差别，企业职工的文化素质参差不齐，因此企业文化的战略模式也各有千秋。一般而言，企业文化战略模式包括这样几种：（1）先导型。全力以赴追求企业文化的先进性和领导性，如抢先型、改革型、风险型的战略模式。（2）探索型。敢于开拓，敢于创新，敢于独树一帜，与众不同。（3）稳定型。按照自己的运行规律步步为营，稳打稳扎。（4）追随型。并不抢先实施企业文化战略，而是当成功的经验出现时立即进行模仿或加以改进。（5）惰性型。奉行稳妥主义，不冒风险，安于现状。（6）多元型。没有一成不变的战略模式，坚持实用态度，或综合进行，或任其发展，哪种有用就采用哪种模式。

3. 划分企业文化战略阶段

由于各个企业发展具有不平衡性，企业文化的进程有先有后，即使是同一个企业的发展也有不同的发展阶段，企业文化战略的实施进程有快有慢，因此应当实事求是地认真分析企业自身所处的战略阶段，以利于企业文化战略的持续进行。一般而言，企业文化战略阶段包括：初创阶段、上升阶段、成熟阶段、衰退阶段、变革阶段。

4. 制订企业文化战略方案

为了达到企业文化战略的目标，应当依据对企业内部和外部条件的分析与预测，制订出科学、最优和满意的企业文化战略方案。方案的制订可以根据企业不同时期的不同重点，划分为总体战略方案和各部门、各单位、各下属的分体战略，或者是全领域战略和局部领域战略。制订方案要贯彻可行性准则，既要把握方案的时机是否成熟，又要注意该方案在实践中能否行得通，同时还要兼顾必要的应变方案。最后通过一定的评估方案，选出理想的最佳方案或理想的综合方案。

5. 明确企业文化战略重点

所谓企业文化战略重点是指那些对于实现战略目标具有关键作用而又有发展优势或者自身发展薄弱而需要着重加强的方面、环节和部分。对于不同的企业来说，战略重点的侧重有所不同，有的重点在于培养企业精神、企业意识、企业道德，有的重点在于塑造企业形象、规范企业制度，有的重点在于树立厂风厂貌、端正经营风尚、提高企业素质，等等。因此，抓准了战略重点，不仅有助于企业文化战略的重点突破，而且也会由此而找到企业走上振兴之路的关键枢纽。

6. 选择卓有成效的企业文化战略策略

企业文化战略策略是实现战略指导思想和战略目标而采取的重要措施、手段和技巧。企业应当根据战略环境的不同情况，选择别具一格和新颖独特的战略策略，以达成战略目标和推行战略行动。一般而言，企业文化战略策略所遵循的原则包括：（1）针对性。必须针对实现战略指导思想和战略目标的需要。（2）灵活性。要因时、因事、因地随机应变，以适应内外环境变化多端的特征。（3）适当性。要讲求实效、恰到好处，不过分追新和夸张或搞形式。（4）多元性。各种策略技巧相互配套，有机结合，谋求最佳配合和整体优势。

二、企业文化战略实施

企业在选择了正确的企业文化战略之后，就应当转入有效的战略实施，以保证战略的成功和实效。一般而言，企业文化战略实施包括以下几种措施：

（1）建立战略实施的计划体系。即通过把战略方案的长期目标分解为各种短期计划、行动方案和操作程序，使各级管理人员和职工明确各自的责任体系和任务网络，以保证各种实施活动与企业文化战略指导思想和战略重点的相互一致。

（2）通过一定的组织机构实施。企业文化战略的实施，要求建立一个高效率的组织机构，通过相互协调、相互信任和合理授权，以保证企业文化战略的顺利实施。

（3）提供必要的物质条件、硬件设施和财务支持，这既是塑造企业形象的内在要求，也是企业文化战略实施的物质基础。

（4）努力创造有利于实施企业文化战略的文化氛围和环境，通过一定的教育和灌输方式，大力宣传企业文化战略的具体内容和要求，使之家喻户晓，使全体职工深刻理解企业文化战略的实质。

三、企业文化战略控制

战略控制就是将信息反馈回来的实际成效和预定的战略计划进行比较，以检测两者的偏差程度，然后采取有效措施进行纠正，以保证战略目标的完成。

企业文化战略控制的基本要素包括：

（1）战略评价标准和指标体系。就企业文化战略的评价指标而言，可以考虑以下几种：① 企业精神；② 企业哲学；③ 企业价值观；④ 企业目标；⑤ 企业素质；⑥ 企业制度；⑦ 企业行为；⑧ 企业形象；⑨ 企业家文化。根据企业文化战略的评价级度，战略的评价指标可以考虑以下几种：① 企业精神；② 企业哲学；③ 企业价值观；④ 企业目标；⑤ 企业素质；⑥ 企业制度；⑦ 企业行为；⑧ 企业形象；⑨ 企业家文化。就企业文化战略的评价级度而言，可以选用品位级度，分为高水平、中水平、低水平；也可以选用质量级度，分为优质、中质、低质。

（2）实际成效。企业文化战略实施成果是在具体执行过程中达到目标程度的综合反映。如要切实掌握准确的成果资料和数据，必须建立一定的管理信息系统，必要时可以借助于电子计算机设计软件系统，运用科学的控制方法和控制系统测定企业文化战略活动的真实特性，提供企业文化战略发展趋势的定性信息。

（3）绩效评价。就是用取得的成果与预定的标准进行比较分析，如果出现正偏差，即超过预定的目标，就是好结果；如果出现微偏差，即与预定的目标基本相等，也属好结果；如果出现负偏差，即远没达到预定目标，就是不好的结果，应当及时采取措施，进行必要的纠偏调整。

本章复习思考题

1. 谈谈你对中国传统文化精髓的理解。
2. 企业文化创新的价值体现在哪些方面？
3. 简述中国企业文化改革与创新的思路。
4. 如何理解民族资本主义时期的企业文化中的"人和"精神？
5. 企业文化的战略模式有哪些？企业应如何选择？
6. 简述企业战略文化实施的措施。

传承"福"文化　泰泽百姓家

　　常州市恒泰医药连锁有限公司（以下简称"恒泰医药"）是一家通过 GPS 认证的大型医药零售连锁企业，自 2002 年创建以来，恒泰医药依托联合采购平台和新颖的营销模式，在坚持走品牌化、规模化发展道路的同时，不断追求卓越、锐意进取，仅用十年的时间，便成为江苏省医药零售连锁市场的龙头企业。公司职工人数 800 余人，其中药学专业技术人员 400 余人，具备执业药师资格和药师以上职称人员 200 余人。公司始终大力加强技能人才队伍建设，壮大专业技能方面的核心骨干人才力量。在实施企业调整、变革的同时，适时地对企业文化进行梳理，在继承和创新的基础上，提炼出以"感动客户、专业服务、共同成长"为核心价值观的卓越文化，以便民、利民为主要目的，对固定消费群体做好健康咨询和用药服务，并以丰富的品种、优势的价格来服务各种人群，为民众提供优质的服务，受到了常州市民的高度肯定。

　　恒泰医药的品牌定位是"您家里的健康顾问"，关注每位消费者的身体健康、心理健康、人生健康，帮助老百姓健康生活。恒泰医药是一

个产业平台，分为平台主体与品牌两部分。"福"文化是平台文化系统的核心，因此，恒泰医药的品牌文化由"福"文化延伸而来，其品牌诉求核心就是"福"文化。恒泰医药的核心价值观就是品牌价值观。恒泰医药的"福"文化具体是指"五福"文化：福根、福气、福祉、福报、福缘。福根，就是指善有善报；福气，是指好的精气神；福祉，是指正能量；福报，是指福根的果报；福缘，得到了，是幸福，失去了，是命运使然。

一、播种福根

恒泰医药为全体员工设立了"道德讲堂"，一直以来，坚持给全体员工开展道德知识文化讲座，教员工齐唱"道德歌"。在教室的墙壁上，大家可以看到"严谨、诚信、宽容、勤奋、正直、气节、健康"等醒目的大字；在走廊的墙壁上，可以看到全体员工在"道德树"上写下的贴心寄语。"天道酬勤、商道酬信。这是一种诚信的坚守。"恒泰人认为，不管是作为个人还是企业，除了实现自我价值之外，还要实现社会价值、承担社会责任。"只有被社会认同的企业，才会有发展价值。"所以，恒泰医药要求员工行善、诚信，在生活中要有道德，正是播种福根的行为。

二、分享福气

对于恒泰医药的员工而言，要有良好的人品，忠诚善良，做事尽心尽责、真心诚意、忠诚可靠，让顾客满意。一直以来，公司不乏感人的事例。顾客刘老太急需一瓶常用心血管药，某员工考虑到刘老太年纪大、腿脚不便，即使外面下着倾盆大雨，他也坚持送药上门，给老人贴心关怀；对于伤残军人，员工也不问路途有多遥远，只要一条短信，就立刻送药到他们手中。总之，一个人分享快乐，快乐就可以加倍；分享福气，福气就会成双，而这些看似微不足道的小事对恒泰医药的员工来说，从来都是不思回报的。

三、传递福祉

福祉，本指美满幸福的生活环境，这种环境不光指"硬"环境，还包括"软"环境，即积极向上的生活态度，对外界的包容以及发自内心的给予，在这里我们可以称之为"正能量"。为了让员工每天上班都精神饱满，使大家工作积极性都调动起来，公司晨会采取"轮流主持"的方式，让大家在锻炼口才的同时，提高团队的协作能力，给所有员工尽情展示自己的机会，使得每位员工每天的工作热情高涨，将正能

量传递到每个人的身上，以便更好地服务顾客。

四、收获福报

张云是药店圈新一代管理层中的佼佼者，年轻、富有创新意识、执行力强。最令她引以为豪的是，从业 17 年，她的梦想与现实都在恒泰医药开花、结果。她是恒泰"土生土长"的总经理。通过采访交谈，我们可以看出她是个会生活更会工作的人。2002 年恒泰医药开第一家店的时候，她应聘成为一名健康顾问，随着公司的不断发展，她的工作岗位经历了行政专员—采购专员—采购部经理—采购总监—商品部经理兼商品总监—副总经理—连锁公司总经理等职位。可以说，她是伴随着恒泰医药一起成长的，她一直最想表达的是她的感恩之心——感谢恒泰医药、感谢杨一峰董事长、感谢恒泰医药所有的员工。恒泰医药的员工在工作中只要保持乐观积极的心态，有信仰、有目标，最终定会使得自己的人生理想开出绚烂的"福花"。

五、缔结福缘

恒泰医药"福"文化其实就是"家"文化在新的高度上的提升。如果我们把恒泰医药的顾客分为两类，一类是外部顾客，即消费恒泰医药产品的人；另一类就是内部顾客，他们是恒泰医药这个平台的利益相关者，主要包括员工、供应商、股东、合作方等。恒泰医药的"家"文化是要"由内而外"面向社会，服务大众，广结好友，卖良心药，卖放心药，人人互助互爱、共同成长，让这个社会"积爱成福"，切实为百姓的健康着想。

以"福"文化为核心的品牌价值观，不仅体现了恒泰医药富有中国特色的文化底蕴，更彰显了企业灵魂。这是恒泰医药经久不衰的原因，也是恒泰医药能够在众多医药企业的激烈竞争中制胜的法宝。相信在这种"福"文化的熏染下，未来的恒泰医药可以更好地塑造自己，真诚地感动客户，从而以诚信取信社会，获得更大的成功。

案例思考题

1. 恒泰医药的核心价值观是什么？
2. 恒泰医药"五福"文化的内涵是什么？
3. 恒泰医药的"福"文化给你哪些启发？

第十章

企业文化与职业道德

新员工应培养的职业道德

一、职业道德与企业文化的关系

广义的职业道德是指人们在从事职业活动中应该遵循的行为准则。狭义的职业道德则指人们在一定的职业活动中应遵循的、体现一定职业特征的、调整一定职业关系的职业行为准则和规范。

企业文化中蕴含着职业道德，职业道德是企业文化中的精华；企业文化以企业整体运作为出发点，职业道德以个人为出发点。随着现代企业对员工的重视，企业文化更注重"以人为本"。因而，企业文化与职业道德的关系问题就是企业与个人的关系问题，即企业要营造什么样的文化去孕育和激活个人的活力、规范人的职业操守、突出人的责任感。从本质上说，企业文化与职业道德之间相辅相成、相互渗透并相互融合。

二、企业物质文化中的职业道德

按照企业文化的层次结构，企业文化可以概括为四个层次：企业物质文化、企业行为文化、企业制度文化、企业精神文化。

企业物质文化，即企业文化的物质层，是企业形象的轮廓和骨架，是指由企业职工创造的产品和各种物质设施等构成的器物文化，是一种以物质形态为主要研究对象的表层企业文化，是企业文化其他层面的外观。

正如前文所述，企业物质文化主要内容有：企业标识（企业文化的表征）、企业环境（企业文化的外在象征）、产品和服务（企业生产经营的成果，是企业物质文化的首要内容）等。企业物质文化是企业文化的重要组成部分，是企业文化的物质基础，也是企业生存和持续发展的前提要素。

根据企业物质文化主要内容，职业道德主要体现在三个方面：

1. 企业标识中的职业道德

企业标识是人们通过视觉认识企业的一种形式。人们对企业从感性认识到理性认识的上升，也总是从企业外在的形象开始的。通过企业标识，可以彰显企业的文化价值观念，传达企业的道德形象。因而企业标识在传递企业的文化信息和道德形象方面，要以普遍的、符合社会文化价值和社会传统的形式表现出来。

企业职业道德内涵的表达，是通过外在形式，以视觉传达的方式把诚信、责任、使命、友爱、团队、公正、清廉等道德规范表现出来，使社会各阶层和利益相关者通过对企业标识的感觉、知觉、表象产生审美意识，进而产生判断、分析、推理、综合的心理活动。其目的在于让社会各阶层和利益相关者通过视觉识别，产生认同和共鸣，从而对企业产品和服务产生持久的消费能力。

所以企业标识中的文化和道德内涵的表达是企业物质文化彰显的重要方式，优秀的企业总是从该企业的传统历史文化、职业道德规范、社会责任、使命等重要方面设计形象，并以简约的方式体现企业文化的道德内涵。

2. 企业环境中的职业道德

企业环境主要是指与企业生产相关的各种物质设施、厂房建筑以及职工的生活娱乐设施，一般包括工作环境和生活环境两部分。

创造一个良好的工作环境不仅可以促进员工积极向上，提高员工工作效率，而且是树立企业良好形象的重要方面。创造和谐的工作环境，开展企业文化建设，加强内部沟通和交流，为员工提供优质的服务，营造团结奋进、不断创新、追求卓越的工作氛围，不断增强企业的凝聚力。在工作环境中融入企业的文化价值和职业道德指向，通过环境表达企业文化核心价值体系，给员工以视觉、行为、理念的传达，不断向员工宣示企业的文化价值和道德规范。企业生活环境以整洁、有序、宽松、健康等特质体现着企业的职业道德和文化价值指向。

3. 产品和服务中的职业道德

在传统意义上，产品常局限在产品特定的物质形态和具体用途上，而在现代市场营销学中，产品概念所包含的内容大大扩充了：产品是指人们向市场提供的能满足消费者或用户某种需求的任何有形产品和无形服务。

产品和服务是企业文化价值、职业道德在物质形态上的积淀和彰显，企业的文化价值、职业道德形象、社会责任、国家民族使命都需要在企业的产品和服务中体现出来。社会责任感强、国家使命感高的企业，在追求经济利益的同时，无不注重产品和服务内在的文化价值和职业道德形象。企业产品设计、制造、销售、服务的过程就是企业彰显自身文化价值、职业道德形象的过程。文化价值和职业道德形象的彰显则向社会展示了企业的责任和信心、操守和能力、公正和效率，创造价值、发展社会的文化价值和道德指向。

三、企业行为文化中的职业道德

企业行为文化是指企业员工在生产经营、学习娱乐中产生的活动文化，它是企业员工在生产经营和人际互动关系中产生的，主要包括企业人的行为和企业人际关系。

企业行为文化是企业文化的重要组成部分，它是企业生产经营作风、精神价值、人际关系的动态体现，也是企业精神、企业价值观的折射。企业行为文化是一种不同于其他文化的特殊文化，以动态的形式作为文化成果存在。

1. 企业人的行为职业道德要素

（1）忠诚

按照企业文化的要求，忠诚是基本的准则。在企业，员工通过忠诚于职责而忠诚于企业，并通过忠诚于企业而忠诚于企业的所有者。

现代企业员工的忠诚，主要是指员工对自己所选择的企业做出守诺行为。对企业忠诚，员工才能尽心、尽力、尽责地为企业服务，并敢于承担一切。任何时候，忠诚都是企业生存和发展的精神支柱，更是企业的生存之本。

忠诚不仅存在道德价值，还蕴涵着巨大的经济价值、社会价值和文化价值。忠诚的员工不仅能够带给他人信赖感，易于为管理者接受，还会自觉地把企业利益放在首位，把企业的兴衰与个人荣辱紧密联系在一起。

当然，忠诚并不一定要从一而终，它是一种职业的责任感，不是对某个公司或个人的忠诚，而是对所选择职业的忠诚，是承担着某一责任或从事某一职业时所表现出来的敬业精神。

（2）勤奋

真正推动企业发展的并不是那些天资聪颖、才华横溢的少数天才，而是那些无论在哪一行业、哪一部门都勤勤恳恳，相信"一分耕耘一分收获"的大多数员工。

勤奋是一种积极向上的人生态度，也是员工成才的必经之路，是企业升级与活力的集中表现。企业要培养和造就自立、自强的企业精神以及自力更生、艰苦奋斗的创业精神，培养员工的责任感、使命感，激发员工积极进取、勤奋工作，弘扬儒家思想，重塑企业职业道德。

（3）责任

责任感是一种担当、一种约束、一种动力，还是一种魅力。责任要求每一位员工在自己的工作岗位上尽心尽力。一个人只有拥有了责任感才能够实现自己的承诺；才能够正视困难、勇往直前；才能够赢得别人的尊重、塑造高尚的人格。

员工的责任感在很大程度上能决定一个企业的命运，员工不仅要对自身职业负责，还要对企业负责。对职业负责，就是要加强自己的职业修养，提升自己的能力，以谋求更大的发展空间；对企业负责就是要能促使企业生存和发展。

责任并没有大小之分，一丁点的责任意识，也能为企业挽回数以千计的损失。员工只有尽职地做好各项工作，才能保证企业的发展，提高企业的凝聚力和竞争力。

（4）热情

热情不仅是事业成功不可缺少的条件，同样也是一个企业对员工的基本要求。卡耐基把热情称为"内心的神"，他说，"一个人成功的因素很多，而这些因素之首就是热情。没有它，不论你有什么能力，都发挥不出来"。

员工如果没有满腔热情，那么他的工作就很难维持和深入下去。一个缺乏热情的员工往往不能高质量地完成工作，更无法创造出新的业绩。

企业最大的资本在于员工的知识、创意与热情。然而，在企业中，不论一个员工有多少知识和创意，没有热情，他就无法把惊人的才能施展开来。

能力不足没有关系，但是一定要有热情，那就足以使你超越那些空有能力却缺乏热情的人。

（5）节俭

法国作家大仲马曾说过，节俭是穷人的财富，富人的智慧。节俭是世上所有财富的真正起点。

节俭不仅仅是一个人的重要品质，更是一种成功的资本，一种核心竞争力。有人觉得节俭和控制成本只是企业的事，与员工并没有多大关系，员工只要正常领工资就可以了。实际上，企业的兴衰关系到每个员工的切身利益。只有企业兴盛了，员工才能获得更多收益，同时，企业也更欢迎节俭的员工。

2. 企业人际关系职业道德要素

（1）协作

协作即员工的团队精神。积极向上的团队能够鼓舞每一个人的信心，充满斗志的团队能够激发每一个人的热情，善于创新的团队能够为成员的创造力提供足够的发展空间，协调一致、和睦相处的团队能够让成员觉得舒服、亲切。只有团队获得更多利益，个人才能获得更多的利益。因此，员工都应该具备团队精神，以团队为荣，与团队成员协调合作，发挥团队合力的强大力量。

（2）诚信

诚信是中国古代基本的职业道德。由诚而信，诚是真诚，信是信用。它意味着对客户的诚信与责任，意味着对保证客户利益的承诺。同时，它要求在交易或贸易的过程中要信守承诺、不欺诈，保障长期的信用。

市场经济是契约经济、信用经济。重约守信、诚信为本，是现代企业必须具备的职业道德，也是公平有序竞争的基本条件。欺诈、言而无信，会使企业失去信用，最终也会失去市场，失去自下而上的根本依托。

企业员工也只有不歪曲事实、诚实守信，自觉维护公平竞争的市场秩序，维护社会公共利益，才能维护企业的信誉和形象。

四、企业制度文化中的职业道德

企业制度文化是企业为实现自身目标而对员工的行为给予一定限制的文化，它具有规范性。加强企业制度文化建设，关系到企业文化能否有生命力，能否持续长久，也是企业是否成熟的一个重要标志。

企业的制度文化建设是实现企业文化核心价值观的需要，企业的很多问题都是由于企业文化核心价值观与企业制度文化建设脱节造成的，企业文化变革的关键不在于提出先进的理念，而在于企业制度文化建设工作。

五、企业精神文化中的职业道德

企业精神文化是企业在生产经营过程中受一定的社会文化背景、意识形态而长期形成的一种精神成果和文化观念。它是由企业精神力量形成的一种文化优势，是企业文化心理积淀的一种群体意识，是企业文化的核心文化。

现代企业所追求的企业精神，如爱国主义、真诚服务、爱岗敬业、开拓创新、团结协作和奉献社会等内容，与职业道德"真诚服务、顾全大局、爱岗敬业、开拓创新、团结协作、奉献社会"等规范基本一致。

1. 真诚服务

全心全意为人民服务不仅是社会主义职业道德的根本要求，更是企业服务精神的最高境界。

当今商业竞争除了产品质量、企业经营策略等的竞争，实质上更是服务的竞争。美国 IBM 公司提出"IBM 就是服务"；海尔集团坚持"您的满意就是我们的工作标准"以及"用户永远都是对的"，这些服务理念无一不体现了服务的重要性。

2. 顾全大局

社会主义市场经济条件下，各行各业都要正确处理好国家利益、集体利益与个人利益的关系。当国家利益、集体利益和个人利益发生矛盾时，个人利益应该服从集体利益和国家利益。

在正常的职业活动中，既不能片面强调国家、集体利益，忽视个人正当利益，也不能片面强调个人利益而不顾国家和集体利益。只有把两者有效结合，才能保障国家和集体利益，促进经济建设的发展；才能维护个人利益，充分发挥个人的积极性和主动性。

3. 爱岗敬业

爱岗敬业是指员工热爱自己的工作岗位，敬重自己的职业，勤奋努力、尽职尽责的道德操守。

爱岗敬业既是社会的需要，也是从业者应该自觉遵守的道德要求。拥有敬业精神的员工往往能得到更多人的认可，拥有更多的发展机会。

4. 开拓创新

随着市场竞争的加剧，创新成为企业成败的关键因素。

5. 团结协作

一个团队的成功不仅取决于成员的能力，还取决于成员与成员之间的相互协作、相互配合，这样才能形成一个强大的整体。

6. 奉献社会

奉献社会是社会主义职业道德中最高层次的要求，体现了社会主义职业道德的最高目标指向。

第二节

培养职业道德的方法和要求

一、从日常生活行为方面进行培养

日常生活对习惯养成是至关重要的。因此，让学生在日常生活中养成良好的职业道德行为是十分重要也是十分必要的。

"勿以恶小而为之，勿以善小而不为。"在日常生活中培养良好的职业道德，主要可以通过以下途径：

（1）规范自我行为。良好职业道德的养成对学生今后的工作起着十分重要的作用，因此，让学生明白职业道德行为是十分关键的。任何习惯的养成都必须靠自身行为的约束，认真对待自身的言行举止，在日常生活的各方面都严格要求、持之以恒，从而养成良好的职业道德习惯。

（2）从身边小事做起。严格自律，以积极的态度对待、处理并妥善解决身边的日常小事。

二、从学习实训活动方面进行培养

（1）增强职业意识，遵守职业规范。职业意识是人们对择业和职业劳动的各种认识的总和，它是职业活动在人们头脑中的反映。职业规范是指某一职业或岗位的准则，包括操作规程和道德规范。学生要在专业学习和实习中增强职业意识，遵守职业规范，这是未来从事好职业、实现人生价值的重要前提。

（2）重视技能训练，提高职业素养。学生要重视技能训练，积极向劳动模范、先进人物学习，刻苦钻研，培养过硬的专业技能，提高自己的职业素养。

三、从社会实践活动方面进行培养

（1）把所学知识与实践活动结合起来。社会是检验知识的最好和最终场所，因此，社会实践对学生来说十分重要。因为在此阶段，学生虽然脱离了学校，在社会上进行实习，却能得到实习老师的指导，因而实习成为学生从校园向社会转化的关键阶段。每个学生都应珍惜并利用好社会实践，把学到的专业知识真正转化到自己的工作实践中去。

（2）积极参与社会实践，培养良好的职业道德。学生应积极参与社会实践，不怕苦、不怕累，了解并适应社会，为今后所要从事的工作打下坚实的基础。

四、从自我修养中进行培养

（1）体验生活，经常"内省"。一要严于解剖自己，客观地看待自己，勇于正视自己的缺点；二要敢于自我批评、自我检讨；三要有决心改正自己的缺点，扬长避短，在实践中不断完善自己的职业道德品质。

（2）向先进人物学习。榜样的力量是无穷的，新时期各行各业涌现出无数的职业道德先进人物，特别是在市场经济条件下，我们更要向先进人物学习，激励和鞭策自己，加强道德修养，努力提高职业道德素质。

本章复习思考题

1. 什么是职业道德？企业文化与职业道德有怎样的关系？

2. 如何认识企业环境中的职业道德？

3. 企业对员工的职业道德要求体现在什么地方？

4. 如何从实训中培养职业道德？

案例分析

从普通工人到大国工匠

邓建军，1969 年生，江苏常州黑牡丹（集团）股份有限公司邓建军科研组科技领军人物，现为该公司技术总监。2004 年邓建军作为江苏省唯一的代表出席全国总工会召开的第八届全国职工职业道德建设"双十佳"表彰大会，荣获全国五一劳动奖章。2005 年被授予全国劳动模范荣誉称号。他冲击纺织机械领域世界难题的技术创新之举，被外国专家赞为"中国功夫"。2012 年，邓建军国家级技能大师工作室在黑牡丹集团揭牌。

1988 年，19 岁的邓建军中专毕业后，被分配到常州黑牡丹公司做电工。邓建军每晚必看一个半小时的技术书籍和有关资料。几年下来，他获得了大专学历，接着又继续攻读本科。后来，他又跨越了英语和德语的障碍，直接阅读原版技术文献。

20 世纪 90 年代初期，黑牡丹公司从国外引进了一批剑杆织机。邓建军从最基本的制图做起，每天蹲在机器边 14 个小时以上，终于驯服了这些机器。

参加工作 20 多年来，他共解决企业重大技术难题 23 项，参与技改项目近 500 项，独立完成 150 项，其中仅染浆联合机——车速改造技术一项就创造经济效益 3 000 多万元。

一、昨天，一个不断创新的技术工人

从 1988 年进厂开始，邓建军就在干中学，学中干，从而练就了过硬的本领。他用自己的创新历程见证了中国纺织产业的艰难崛起。

染整行业一直是我国纺织工业的薄弱环节，主要被色差、缩水率等问题所困扰。黑牡丹的主产品是出口牛仔布，当时面临的最大问题就是预缩率问题。预缩率高了，经济受损失；低了，又达不到质量标准，做出的服装会因收缩不当而变形，造成国际索赔等问题，因此控制预缩率的精度是一个世界性技术难题。

越是有难度的挑战，邓建军就越兴奋，他立志啃下这块硬骨头。他与同事们一起奋力攻关，熬过了几十个不眠之夜，经过无数次调试，通过运用电子技术与气动技术的完美结合，终于攻克了预缩率不稳定这个老大难问题，黑牡丹牛仔布的预缩率精度稳定控制在了 2.5% 以内，高于3%的国际标准。同时，他站在一线工人位置上，设计了详细的"缩水率表"，操作工人只需按图索骥，每一步都按量化标准操作，极大地保证了产品质量。从此黑牡丹产品以稳定的缩水率领先国内外同行，蜚声国际牛仔布市场。

牛仔布染色稳定问题，同样也是一个老大难问题。当时全世界都没有操作标准，加料等关键工序完全靠工人的经验操作，而且每小时都要人工测流量，稍有偏差就影响质量。邓建军就琢磨，怎样才能加强生产过程中的自动控制，以技术控制产品质量。针对上浆率不稳定的问题，他综合染整工程、化学、电化学等知识，开发了"在线染料组份自动控制系统"，并一口气钻研出在线染液控制系统、在线流量控制系统、自动浆液控制系统等一整套技术，均是行业内首创，极大地推动了企业的发展。

二、今天，一个不断学习的公司高管

"以前只负责维修机器、技术改造什么的，现在新厂的基建、车间设计、工艺流程布置等面上的事情都要管了。"2017年年底，常高新集团对黑牡丹公司进行了重组，邓建军被聘任为技术总监，参与新厂区的建设。

邓建军所说的新厂，是公司正在天宁经济开发区内投资近1.8亿元，建设总面积达60万平方米的"黑牡丹纺织生态园"。

邓建军介绍说，公司将利用这次整体搬迁的契机，进行规模较大的技术改造和技术创新，引进当今技术领先的纺纱与织造设备，提高生产装备水平；采用先进牛仔布生产工艺，对目前公司使用的染色设备和牛仔布后整理设备进行脱胎换骨的改造；淘汰能耗较大的锅炉，采用集中供汽，建立污水处理设施，利用河水进行净化处理用于生产达到节能环保的目的。"我们实施的这一'改进生产工艺改造染色设备及后整理设备，节能减排，提升牛仔布的产品水平'项目，已列入2008年新增中央预算内投资计划，获得国家拨款1600万元。"

在新厂的建设过程中，邓建军主要负责设备，从工艺配置、厂房建设、水气配电、到设备的引进调试、投入生产等，他都要一一过问。

从单纯地搞技术到企业建设与管理，巨大的跨越度让邓建军感到了压力。而且，整个搬迁项目分为纺纱、前织染色、后织织造、成品后整理4大车间，以及配套污水处理与河水净化、110KV变配电6个部分，需要分步逐一实施，这更加重了邓建军肩上的担子。"比如公司要引进束状染色机，先由我们提出具体性能要求，生产商负责制造，然后机器拿回厂里再由我们进行技术改进，加入自己的核心技术，从而使机器的工艺参数稳定性大大提高，纱线的颜色也更稳定。"这其中的整个工艺流程，就像在搭积木，比单纯做一个技术工人思考的要复杂得多。

为了尽快适应新岗位，助力企业快速发展，邓建军学习的领域增加了企业管理、工艺流程等，他说，"无论在技术岗位，还是在管理岗位，都需要更多的知识来支撑"。

"其实我还是喜欢搞机器维修，进行技术消化、吸收和改造。"在担起一名公司高管责任的同时，邓建军没有忘记自己的"老本行"，"我们原来的那个科研组现在已经有18个人了，平时一有空我就去他们那边。"

三、明天，努力成为一个科学发展的"领跑者"

常高新集团重组黑牡丹公司以后，董事会全票通过聘任邓建军为技术总监。"黑牡丹发展到现在，靠的就是人才和技术。"常州高新区管委会副主任、常高新集团总经理曹建新表示，"黑牡丹现在还是一个工厂品牌、工业品牌，企业下一步要科学发展、跨越式发展，就必须向市场品牌、商业品牌迈进，通过加强产品的开发能力，加快技术的更新速度，开发出技术含量高、技术难度高、附加值高的产品。"

"这就需要强化我们的技术管理，也就更需要像邓建军这样的技术管理人才。有了这种对技术的钻研、对工作的认真、对事业的追求，他就不仅仅是一个企业的技术领头人，更是一个合格的企业技术管理的策划者，并最终成为企业科学发展的'领跑者'。"

邓建军一直非常喜欢印在公司画册上的一段话："在静谧的非洲大草原上，夕阳西下之际，一头狮子在沉思：明天当太阳升起，我要奔跑，以追上跑得最快的羚羊；一头羚羊在沉思：明天当太阳升起，我要奔跑，以逃脱跑得最快的狮子。那么，无论你是狮子还是羚羊，当太阳升起，你要做的，都是奔跑。"

邓建军说，在前进的过程中，失败的痛苦和成功的喜悦都会体会到，但他最愿意享受的还是迎难而上的感觉。

案例思考题

1. 邓建军为什么能够从普通员工成为企业的技术总监？
2. 邓建军积极进取的人生给了你怎样的启示？

参考文献

1. 王吉鹏：《企业文化建设：从文化建设到文化管理》，企业管理出版社，2013 年。

2. 陈春花，乐国林，李诔芳，张党珠：《企业文化》（第 3 版），机械工业出版社，2017 年。

3. 陈春花：《从理念到行为习惯——企业文化管理》，机械工业出版社，2016 年。

4. 包晓闻，宋联可：《中国企业核心竞争力经典：企业文化》，经济科学出版社，2003 年。

5. 苏万益：《现代企业文化与职业道德》，高等教育出版社，2008 年。

6. 王邦兆：《企业管理概论》，时代经济出版社，2008 年。

7. ［美］彼得·德鲁克：《管理：使命、责任、实务（使命篇)》，王永贵译，机械工业出版社，2009 年。

8. 郭纪金：《企业文化》，中山大学出版社，1995 年。

9. 陈劲：《管理学》（第 2 版），中国人民大学出版社，2017 年。

企业文化管理
——校企协同育人创新实践探索

后　记

　　《企业文化管理——校企协同育人创新实践探索》是江苏高校哲学社会科学研究项目"五年制高职院校'1234'式思想政治教育模式的实践研究"（2019SJB170）、江苏联合职业技术学院重点课题"五年制高职'1234'式思想政治教育体系构建与实践研究"（A/2018/07/005）、常州市武进区教科研立项课题"新时代'工匠精神'视域下中职校企文化融通的研究与实践"的主要成果之一。笔者在对学校多年实施校企合作、产教融合工作的基础上进行总结经验、理论研究和实践探索，完成了这一具有一定学术性和应用性的成果。

　　尽管笔者付出了不少的心血，但由于时间仓促，笔者本身水平和能力有限，书中肯定存在不足之处，敬请专家、学者和读者提出宝贵意见，以便笔者继续研究、不断改进。

作　者

2019 年 12 月